/ 幼儿园园长专业能力提升丛书 /

尊重生命的管理

——园长卫生保健工作管理能力的提升

苏　婧　丛书主编

曹慧弟　本书主编

北京师范大学出版集团
BEIJING NORMAL UNIVERSITY PUBLISHING GROUP
北京师范大学出版社

图书在版编目(CIP)数据

尊重生命的管理：园长卫生保健工作管理能力的提升/曹慧弟主编. —北京：北京师范大学出版社，2017.4(2023.5重印)
（幼儿园园长专业能力提升丛书/苏婧主编）
ISBN 978-7-303-22270-4

Ⅰ.①尊… Ⅱ.①曹… Ⅲ.①幼儿园－卫生保健－卫生管理 Ⅳ.①G617

中国版本图书馆 CIP 数据核字(2017)第 068194 号

图书意见反馈 gaozhifk@bnupg.com 010-58805079
营销中心电话 010-58802181 58805532

出版发行：北京师范大学出版社 www.bnup.com
　　　　　北京市西城区新街口外大街 12-3 号
　　　　　邮政编码：100088
印　　刷：天津中印联印务有限公司
经　　销：全国新华书店
开　　本：787 mm×1092 mm 1/16
印　　张：12
字　　数：215 千字
版　　次：2017 年 4 月第 1 版
印　　次：2023 年 5 月第 5 次印刷
定　　价：32.00 元

策划编辑：罗佩珍　　　责任编辑：齐　琳　李会静
美术编辑：焦　丽　　　装帧设计：锋尚设计
责任校对：陈　民　　　责任印制：马　洁
封面插图：范语瑄（北京市朝阳区福怡苑幼儿园）
指导教师：蔡梦瑅

版权所有　侵权必究
反盗版、侵权举报电话：010-58800697
北京读者服务部电话：010-58808104
外埠邮购电话：010-58808083
本书如有印装质量问题，请与印制管理部联系调换。
印制管理部电话：010-58805079

丛书编委会

主　编：苏　婧
副主编：吕国瑶　张伟利　田彭彭
编　委：（按姓氏拼音排序）
　　　　曹慧弟　陈　立　成　勇　范建华
　　　　李　奕　刘峰峰　刘淑新　刘晓颖
　　　　柳　茹　申桂红　王　岚　王艳云
　　　　杨　颖　于渊莘　张爱军　朱继文
　　　　朱小娟　邹　平

本书编委会

顾　问：李一辰　尚　煜

主　编：曹慧弟

副主编：贾倩倩　张　燕

编　委：蔡梦瑝　崔　洋　常燕玲　傅静怡　李晓莉
　　　　秦　雪　许文英　王晓娜　张淑玲　张　琳
　　　　赵丽华(北京市西城区棉花胡同幼儿园)

这几年在和园长交流和接触的过程中，他们经常谈到的一个话题就是，现在当一个园长太不容易了，甚至怀疑自己是不是能力不行，胜任不了园长这个岗位。当然，这并不代表现在我们园长的能力下降了，有这种感觉恰恰说明他们已经在思考：新的社会和时代背景下，怎样才能当好一个园长？随着国家教育改革的不断深化，学前教育也越来越受到重视，迎来越来越多的发展良机，当然也面临着越来越多的挑战。一方面，在市场经济条件下，如何使自己的幼儿园办出特色、树立品牌，从而能够在竞争激烈、百花争放的大环境中站稳脚跟，长远发展，是所有园长必须考虑的现实课题；另一方面，在校长专业化的大背景下，园长专业化的呼声已初见端倪，公众对幼儿园园长的要求越来越高，怎样通过提升自身素养，进而提升幼儿园管理品质，推动幼儿园质量的全面提升，并最终促进幼儿的全面和谐发展，也是园长们不可回避的现实问题。所以，作为幼儿园的管理者、第一责任人，园长在幼儿园的改革和发展中，发挥着举足轻重的作用，不能觉得自己"业务"强就可以应对幼儿园发展过程中的所有问题，新的形势要求园长必须全面提升综合素养。

北京作为经济、文化、科技创新迅速发展的现代化都市，其幼教事业也发生着日新月异的变化。作为首都幼教改革的"火车头"，幼儿园园长们的专业水平决定着这列火车跑得有多快、跑的方向对不对。能不能在新的发展机遇中准确把握国家政策文件精神，做好幼儿园的整体规划？能不能在更为重视公共关系的社会背景下，协调各种关系，服务于幼儿园的对外宣传和品牌建设工作？能不能在家长整体素质提升、需求多样化的要求下，探索新的家长工作思路和方法？能不能结合幼儿园实际工作中遇到的困境，拓展资源渠道，运用科学思维研究出带有规律性的成果，提升幼儿园的整体科研水平？能不能在新教师成为保教工作主力的现实中寻求突破口，探索教师队伍建设的新模式，确保幼儿园保教质量的稳步甚至快速提升？能不能在国家日益重视幼儿身心健康发展的整体趋势下，切实做好幼儿卫生保健和安全管理工作……新的问题不断涌现，我们必须认真想一想：这些我们曾经思考过也取得了大量成果的工作，是否真正摸索到了规律？可以从中借鉴什么？如何在《幼儿园园长专业标准》的要求下真正发挥引领作用？这都是我们要继续深入研究的。

在这个机遇与挑战并存的时代，作为主管全园工作的领导者，园长肩负的责任、使命可谓任重道远。一个人成长为园长是不容易的，从初任园长到一名优秀园长短则需要三五年时间，长则需要六七年甚至更长时间。传统的师傅带徒弟式的传帮带方法仍不失为一种不错的方法，但在今天这样一个讲求成本和效率的时代，我们完全可以通过更加科学有效的方法，更快更好地促进园长的专业化成长，提升其领导力。因此，对幼儿园园长的领导行为、专业素养、专业能力进行研究，既是一个在幼教改革中必须面对的现实课题，具有重要的现实指导意义，也是一个事关幼教可持续发展的长远问题，具有深远的历史意义。

现代社会具有复杂性、多变性、随机性和竞争性，发展节奏快，新知识、新科学、新技术不断涌现。幼儿园并不与世隔绝，同样处于多变的社会之中，幼儿园的发展也要适应全面改革和社会发展的需要。所以，现代的幼儿园园长除了要拥有热爱幼教事业的情怀外，还需要有终身学习的意识，要在实际工作中通过不断学习、思考、再学习、再思考，掌握解决、处理各项园所事务的能力。

北京教育科学研究院早期教育研究所苏婧所长和她所带领的北京市学前教育兼职教研员队伍"园长管理组"成员，从2013年起致力于幼儿园园长专业素养、专业能力的研究。团队成员都是来自北京市各区县的教研员和名园长，在园长管理工作模式和专业发展等方面都很有心得，具有丰富的实践经验。这个团队在深入研究的基础上奉献给大家的这套《幼儿园园长专业能力提升丛书》，以扎实的理论知识结构为基础，以多年认真积累的实践研究为依据，总结提炼出12项园长胜任本职工作应具备的专业能力。书中对每一项专业能力的概念、基本原则、方法和途径等都进行了详细的论述，同时又通过大量的图示和鲜活的实例，让所述的内容变得生动活泼，便于理解和操作。对于幼儿园管理者来说，这12项专业能力既是要求，也是目标。他山之石，可以攻玉。虽然别人的经验并不能完全解决我们现实中遇到的问题，但是，借鉴别的园所好的经验，一定会有助于我们幼儿园园长的成长，帮助我们明确一个合格园长需要具备的基本能力和素质要求。同时，也会对我们科学系统地规划自己的园长职业生涯提供必要的指导，帮助我们成为全面而又专业的幼儿园管理者。此外，这套丛书也有助于我们澄清工作中一些认识不清的问题，提升我们的专业理论水平。

这套丛书是幼教工作者在幼儿园园长专业发展方面持续探索过程中的阶段性成果，它不仅给我们提供了借鉴，也为我们指引了方向。我相信，今后一定会有大量关于幼儿园园长专业发展的研究成果出现，这将对我们首都学前教育，甚至全国学前教育的发展产生积极的影响和促进作用。

北京市教育委员会学前教育处处长　张小红

2017 年 2 月

园长专业素养的研究框架、实施途径和策略

学前教育是终身教育的开端，是基础教育的基础，是国民教育体系的重要组成部分。办好学前教育，关系到亿万儿童的健康成长和千家万户的切身利益，关系到国家和民族的未来。

教育部颁发的第二个学前教育三年行动计划提出的重点任务是扩大总量、调整结构、健全机制、提升质量，而"提高幼儿园教职工的专业素质和实践能力，进一步规范办园行为，深入贯彻落实《3－6岁儿童学习与发展指南》，促进幼儿身心健康和谐成长"是其中的重要内容。"提升学前教育质量，是当前和今后学前教育必须努力的方向，对质量的追求是学前教育工作者必须不断付出努力的工作。"幼儿园园长作为幼儿园的第一责任人，其素质直接关系到幼儿园的发展及幼儿教育的质量。学前教育的内涵发展急需具有专业水准的园长队伍的支撑和保障。但是，由于历史原因，我们的园长职业资格准入要求不高，多由一线幼儿教师升任或由上级行政部门直接派遣，加之近几年扩大办园规模涌现了不少新任园长，缺乏全面、系统的专业培训，致使很多园长的实际能力和素质与园长管理工作的要求还存在一定差距，这在一定程度上限制了园长的专业发展，也影响到了幼儿园的科学、优质发展。

专业能力是园长专业化发展在教育实践中的集中体现，是保障其完成职业要求和工作职责的必要条件。园长的专业能力不同于中小学校长，因为中小学是以学科教学为核心的能力结构，而幼儿园必须凸显幼儿园保教结合、以游戏为基本活动的特点，以及环境、生活对幼儿发展的重要价值和独特作用。因此，幼儿园园长的专业能力结构是全方位的、多方面的，具有综合性特点。从新颁布的《幼儿园园长专业标准》看，幼儿园园长被定义为履行幼儿园领导和管理工作的"专业"人员。园长的专业发展水平直接影响到幼儿园的发展方向，直接影响到幼儿园教师的专业发展，直接影响到一个幼儿园的教育教学质量，并最终影响到幼儿的发展。

基于园长职业的特殊性和重要性，我们将研究的视角聚焦于此，拟基于幼儿

园管理实践现场，梳理幼儿园园长的专业素养结构和能力要求，提供有针对性的培养策略与支持途径，从而助力于高质量、专业化和可持续发展的学前教育实践管理者队伍的建设。在分析国内外文献的基础上，我们参考教育部颁布的《义务教育学校校长专业标准》《幼儿园教师专业标准(试行)》和《幼儿园园长专业标准》，从横向和纵向两个角度来构建幼儿园园长专业素养结构(见表1)。从横向来看，我们认为幼儿园园长专业素养结构包括四个方面，分别为研究维度、研究领域、每个领域所包含的支撑要素以及针对支撑要素所细化出的基本指标。从纵向来看，我们认为园长的专业发展是一个动态的过程，不同的园长有着不同的专业发展历程，这是一个不断变化着的、开放的系统，受到多种因素综合作用的影响和制约。园长专业素养是指园长为实现其园所管理目标、承担其园长角色时，在专业精神、专业知识和专业能力三个维度所需具备的素质及要求。其中，专业精神和专业知识都是相对固定的，是经过系统的培训和学习就能够基本具备的，是一种偏静态的素养构成。而专业能力则是灵活和可变的，而且具有鲜明的个性特色，是专业精神、知识以及指导下的行为三者的结合，是真正决定园长素养高低的关键要素。因此，我们将研究重点定位在园长的"专业能力"上，并将其分为"本体性能力"和"延展性能力"两方面。其中，"本体性能力"是指园长在胜任其岗位职责时所应具备的基本能力，而"延展性能力"则是对园长在专业发展的道路上提出的目标和努力方向。我们梳理出园长的专业精神、专业知识以及各项专业能力所涉及的"领域""要素""基本指标"，并进一步针对"本体性能力"整理归纳出更为清晰的、操作性强的培养策略与途径。这样，不仅能将动态和静态两方面因素有机结合起来，而且也能更加深入地把握园长专业素养的本质。

表1 幼儿园园长专业素养结构

维度	领域	要素	基本指标
专业精神	专业理念	儿童观	对儿童发展整体性的理解与认识
			对儿童发展阶段性的理解与认识
			对儿童发展差异性的理解与认识
		教育观	对于教育本质的理解与认识
			对于教育目的的理解与认识
			对教育方式、方法的把握
		职业观	对幼儿教育工作的态度与看法
			对于园长角色、职责的理解与认识
			对园长职业的规划

续表1

维度	领域	要素	基本指标
专业精神	专业品质	个性品质	具有主动、积极的品质
			具有诚信、公平、敢于担当的品质
			具有终身学习的意识
		职业道德	奉献精神
			爱岗敬业
			服务意识
专业知识	通识性知识	哲学基本知识	运用辩证唯物主义的观点看待问题
			系统性思维
		管理学基本知识	科学管理理论
			过程管理理论
			系统管理理论
			决策管理理论
		社会学基本知识	组织文化理论
			组织行为学理论
		法律法规基本知识	宪法相关知识
			民法相关知识
			经济法相关知识
			教育法相关知识
		财务基本知识	经费预算知识
			经费管理知识
		信息技术基础知识	有关教育技术发展趋势的知识
			教育技术的基本概念、基本理论知识
			教育技术与课程、教学开发相结合的知识

续表2

维度	领域	要素	基本指标
专业知识	专业性知识	教育学基本知识	课程、教学知识
			教育科研方法知识
		心理学基本知识	普通心理学知识
			发展心理学知识
		学前教育基本知识	学前儿童心理学知识
			学前教育学知识
			学前儿童卫生保健知识
			幼儿园课程知识
			幼儿教育科研方法知识
		幼儿园管理基本知识	幼儿园行政管理知识
			幼儿园保教管理知识
			幼儿园科研管理知识
			幼儿园总务管理知识
			家长工作知识
			教职工队伍建设知识
			文化建设知识
	实践性知识	园所文化建设知识	幼儿园文化特征的知识
			幼儿园文化创建的知识
		教育教学指导与评价相关知识	促进幼儿发展的知识
			促进教师专业发展的知识
		应激性知识	处理突发事件的知识
			危机管理知识
专业能力	本体性能力	政策把握与执行能力	掌握学前教育相关政策、法律法规
			了解学前教育发展趋势与改革动态
		园所规划、计划能力	了解、诊断幼儿园发展现状
			明确发展愿景、目标
			突出发展规划、计划重点
			保障发展规划实施

续表 3

维度	领域	要素	基本指标
专业能力	本体性能力	园所文化建设能力	建设园所精神文化
			建设园所物质文化
			建设园所制度文化
			建设园所行为文化
		保教工作指导能力	指导保教工作计划的制订
			指导保教工作的组织与实施
			对保教工作进行评价与反馈
		卫生保健工作指导能力	指导卫生保健工作计划的制订
			指导卫生保健工作的组织与实施
			对卫生保健工作进行评价与反馈
		课程领导能力	具有关于幼儿园课程及课程领导力的知识
			具有课程改革与实践的专业精神
			选择与规划幼儿园课程
			开发与建设幼儿园课程
			推动幼儿园课程实施
			组织和开展幼儿园课程评价
		教科研管理能力	发现、筛选研究问题，把握研究方向
			做好课题研究的过程管理
			总结、固化、推广教科研成果
		队伍建设能力	选拔、聘用教职工
			规划教职工队伍建设
			提升教职工队伍素质
			稳定教职工队伍
		指导家长工作能力	指导教师树立正确的家长工作观念，学习家长工作的基本方法
			关注教师与家长沟通能力的提升
			指导教师整合家长资源
		公共关系协调能力	与相关部门沟通、协调
			整合、利用资源
		安全管理能力	组织安全工作
			预见安全隐患并提前预防
			应对和妥善处理幼儿园突发事件
			指导开展幼儿园安全教育
			管理幼儿园信息安全

续表 4

维度	领域	要素	基本指标
专业能力	本体性能力	后勤管理能力	指导后勤工作计划的制订
			指导后勤工作的组织与实施
			对后勤工作进行评价与反馈
	延展性能力	学习能力	信息的捕捉能力
			信息的筛选能力
			信息的加工、利用能力
		反思能力	自我监控能力
			自我评价能力
			自我调控能力
		创新能力	把握前沿能力
			批判思考能力

相对应提炼出的 12 项幼儿园园长应具备的本体性能力，我们又逐一细化出"基本指标"及"培养策略与途径"(见表 2)，在明确园长专业角色的基础上，进一步对园长的工作内容进行分析，同时为园长专业能力的自我提升提供抓手。

表 2　幼儿园园长专业能力(本体性能力)的培养策略与途径

专业能力 (本体性能力)	基本指标	培养策略与途径
一、政策把握与执行能力	1. 掌握学前教育相关政策、法律法规	(1)熟悉幼儿园政策、法律法规的基本体系，包括： ・国家层面的法律法规； ・国家部委颁布的条例、法规； ・地方政府、教育行政部门颁布的地方性幼儿教育法规。 (2)依法治园，包括： ・开展幼儿园相关政策、法律法规的宣传教育； ・营造依法治园的环境； ・加强制度建设，对幼儿园依法管理。 (3)维护幼儿园的合法权益，承担法律责任。
	2. 了解学前教育发展趋势与改革动态	(1)成为办园思想的领导者。 ・躬身实践，学会在实践中深入思考教育问题，让管理生"根"； ・不断学习，善于与自己、同伴对话。 (2)具有敏锐的教育洞察力。 ・广泛涉猎，扩宽自身的教育视野； ・善于发现问题，积极开展行动研究。

续表 1

专业能力 （本体性能力）	基本指标	培养策略与途径
二、园所规划 与计划能力	1. 了解、诊断幼儿园发展现状	把握幼儿园发展现状，分析幼儿园发展面临的问题和挑战，形成幼儿园发展思路。
	2. 明确发展愿景、目标	树立正确的办园思想，把握办园方向。 ·坚持贯彻落实党和国家的教育方针，有正确的办园指导思想，能够带领教职工认真学习有关幼教工作的行政法规和规章，并努力付诸实施； ·及时纠正重教轻保、重智轻德、保教分离等违背教育规律、偏离教育目标的倾向，牢牢把握正确的办园方向。
	3. 突出发展规划、计划重点	充分听取园务会议和教职工的意见，组织专家、家长、社区人士等多方力量参与制订幼儿园发展规划，正确决策，科学制订本园工作计划。
	4. 保障发展规划实施	(1)依据发展规划指导教职工制订并落实学年、学期工作计划，提供人、财、物等条件支持。 (2)对计划的实施过程加强检查督促，及时发现和处理问题。 (3)善于总结经验教训，将有成效的措施与做法逐步标准化、规范化，充分发挥集体的智慧和力量，完成工作计划，实现教育目标，提高管理水平。
三、园所文化建设能力	1. 建设园所精神文化	(1)重视幼儿园精神文化建设，关注精神文化潜移默化的教育功能，提升对幼儿园的专业理解与认知。 (2)宣传幼儿园文化建设的基本理论，利用多种渠道，开展丰富多彩的活动，营造专业、科学、和谐的氛围。 (3)加强教师专业知识与方法的学习，引导教师丰富人文、自然知识，提升个人综合素养。
	2. 建设园所物质文化	(1)将安全放在首位，确保场地、玩教具等的安全，积极排查和消除环境中可能存在的不安全因素。 (2)整体设计，合理规划，满足幼儿、教职工的不同需求，营造和谐、统一的环境。 (3)因地制宜，从园所实际出发，整合家长、社区等多方资源。 (4)注重发挥环境的育人功能，重视物质环境创设中幼儿的参与及环境与幼儿的互动。

专业能力 （本体性能力）	基本指标	培养策略与途径
三、园所文化建设能力	3. 建设园所制度文化	（1）召开党支部会、园务会、全体教职工大会等，帮助教职工明确制度建设的重要意义。 （2）发动全体教职工参与讨论，在统一认识的基础上制订合适的制度。 （3）建立健全各项规章制度。 （4）强化日常的过程考核，将考核结果与年终考核、调资、职评等挂钩。
	4. 建设园所行为文化	**幼儿园交往行动文化之——教师间交往** （1）和谐相处原则。要做到鼓励教师之间欣赏优点，包容缺点；真诚交流，建立信任关系。 （2）合作分享原则。要做到增加教师交流机会；慎用评比，不用一把尺子衡量。 **幼儿园交往行动文化之——师幼交往** （1）尊重幼儿原则。要做到接纳幼儿的年龄特点；鼓励幼儿大胆尝试；重视幼儿教师的情绪管理。 （2）关注幼儿个体差异原则。要做到接纳幼儿的不同个性特征；鼓励幼儿表达不同观点；敏锐发现幼儿的不同需求与变化。 **幼儿园交往行动文化之——家园交往** （1）平等相处原则。要做到鼓励换位思考，互相理解；满足不同家长的需求；谨慎谈论幼儿的不足。 （2）互动合作原则。要做到培养教师的积极态度；目标一致，合力合作；加强教师的沟通技能。 （3）深入交往原则。要做到增加交往的频率；丰富交往的形式。 **幼儿教师学习行为文化** （1）关注教师学习整体性原则。要做到提供充足有用的学习资源；园长与教师有效沟通，做到期待与理解一致；以多元化路径激发教师主动发展。 （2）尊重教师学习个体差异性原则。要做到倾听并了解教师的学习需要；提供差异化学习培训。 （3）重视教师反思能力原则。要做到鼓励参与式学习、探究式学习和反思训练；给予教师反思的时间。 （4）重视团队合作原则。要做到营造宽松的团队学习氛围；组织多元化的团体学习。 （5）支持教师自主学习原则。要做到给予教师可自由支配的时间；以教师为主导，改变单向的学习模式。

续表 3

专业能力 （本体性能力）	基本指标	培养策略与途径
四、保教工作指导能力	1. 指导保教工作计划的制订	(1)看计划，想实践。结合园长进班看实践获得的第一手材料、信息，审视保教计划的适宜性和可行性。 (2)听思路，细沟通。倾听业务管理者的想法和思路，通过研讨的方式共同制订工作计划。
	2. 指导保教工作的组织与实施	(1)随机和定时进班相结合。 (2)共同经历实践，研讨分析问题，寻找解决办法。 (3)注重个别沟通技巧，树立园长威信。
	3. 对保教工作进行评价与反馈	(1)通过自下而上和自上而下双向结合的方式研究、制定评价标准，开展教育教学工作评价、幼儿发展水平评价。 (2)确保评价过程的公开公正。 (3)对评价结果进行反思与反馈。 · 了解、分析和反思评价结果，予以奖励或查找问题原因，并改进、完善工作计划； · 针对问题与教师或班级进行个别反馈沟通，引导教师调整改进。
五、卫生保健工作管理能力	1. 指导卫生保健工作计划的制订	(1)加强领导，有序安排。 · 成立幼儿园卫生保健工作领导小组； · 制定园所卫生保健检查标准； · 依据标准定期对卫生保健工作进行检查； · 了解当前卫生保健情况，依据所发现的问题制订相应计划并有针对性地予以指导。 (2)明确任务，制订目标。 · 加强卫生保健人员的思想意识和学习，定期组织培训； · 针对上学期出现的问题以及可预知的问题，明确本学期的工作任务，根据任务制定本学期要完成的目标。 (3)突出重点，要求明确。 · 制订具体可行的措施，明确规定各项工作的内容及质量要求。
	2. 指导卫生保健工作的组织与实施	(1)明确卫生保健工作的任务与内容。 (2)加强卫生保健机构和设施建设。 · 配备专职保健人员，设保健室； · 重视卫生保健设施的配制，从行政上和经济上给予保障。 (3)完善卫生保健工作制度建设。 (4)加强卫生保健队伍业务能力建设。 (5)形成卫生保健工作程序。 (6)加强部门沟通与协作。 · 成立相应的协作组织(如膳食管理委员会、卫生检查小组、安全保卫小组等)，来完成各项卫生保健工作。 (7)建立家园联系，共促幼儿健康成长。

续表 4

专业能力 （本体性能力）	基本指标	培养策略与途径
五、卫生保健工作管理能力	3. 对卫生保健工作进行评价与反馈	(1)完善检查与评价标准。 (2)多种评价方式相结合。 · 定期评价与不定期评价相结合； · 单项评价与综合评价相结合； · 阶段性评价与结果性评价相结合。 (3)建立科学的评价机制。 · 建立专门的考评小组； · 加强日常考评； · 完善考评程序。 (4)建立有效的反馈机制，及时反馈。 · 考核评价结果要及时公示； · 考核评价结果要正确反馈； · 考核评价结果要充分利用。
六、课程领导能力	1. 具备关于幼儿园课程及课程领导力的知识	(1)了解和反思课程领导和园长课程领导的概念、特征、构成要素、现实迫切性等。 (2)了解和反思幼儿园课程的概念、构成要素和我国幼儿园课程的历史发展等。 (3)结合实践进行反思和总结。
	2. 具备课程改革与实践的专业精神	(1)提升勇于课程改革和实践的自觉意识(专业自信、专业坚守、专业追求)。 (2)提升领导课程改革和实践的自主实践能力(研究幼儿、研究幼儿园课程、研究幼儿园文化)。 (3)促进自身在引领课程改革和实践的过程中不断自我超越(自我培训、专题培训)。 (4)不断反思，明晰课程的价值取向(把握关键要素，掌握方法策略)。
	3. 选择与规划幼儿园课程	(1)掌握课程选择与规划的原则，基于本园特点选择与规划课程。 (2)"博览"多家课程、多种课程表现形式。 (3)对比分析和深入分析，准确判断本园课程的现状和发展目标。 (4)在讨论和实践的过程中摸索、制订幼儿园课程规划，并着力实施规划。

续表 5

专业能力 （本体性能力）	基本指标	培养策略与途径
六、课程领导能力	4. 开发与建设幼儿园课程	(1)深入认识和理解课程开发与建设的含义，尤其是理解园本课程的含义。 (2)认识和了解园本课程开发与建设的背景和条件。 (3)掌握园本课程开发与建设的原则、方法与策略。
	5. 推动幼儿园课程实施	(1)构建推动课程实施的领导体系。 (2)推动和保障课程实施的管理制度建设。 (3)遵循推动课程实施的原则（课程领导是核心，发挥教职工的主动性，系统推进，共同愿景）。 (4)在参与和指导课程实践中推动课程实施。
	6. 组织和开展幼儿园课程评价	(1)深刻认识幼儿园课程评价的重要意义。 (2)了解和掌握幼儿园课程评价的功能、对象与类型。 (3)遵循幼儿园课程评价的原则（功能多样性，评价主体多样性，诊断和改进性）。 (4)掌握幼儿园课程评价的组织方法与策略。
七、教科研管理能力	1. 发现、筛选研究问题，把握研究方向	(1)双向互动，聚焦关键问题。 • 园长从自身经验、入班观察记录、家长问卷、教师访谈和上级文件精神等出发，结合园所发展现状，初步确定可作为教科研专题的内容； • 教师聚焦本班幼儿发展、家长工作、教育教学、班级管理等方面存在的突出问题，通过教研组等向园长反映。 (2)借助外力，为我所用。 • 积极与园外科研机构、高校、研修部门及各级主管部门沟通，共同分析并明确幼儿园的教科研思路和基本方向，保证教科研思路的科学性和研究的可行性，提升教科研方向的引领性。 (3)客观分析，准确定位教科研方向。
	2. 做好课题研究的过程管理	(1)园长亲自参与研究，把握教科研过程。 (2)定期了解、检查各项教科研工作的开展情况，做好阶段总结。 (3)合理配置资源，人尽其才，物尽其用。
	3. 总结、固化、推广教科研成果	(1)定期对教科研成果进行总结和梳理，进行阶段性总结。 (2)通过专业期刊发表教科研成果，扩大影响效果和范围。 (3)通过观摩展示的方式，分享和交流经验，进而提高教师的教科研能力。

续表6

专业能力 （本体性能力）	基本指标	培养策略与途径
八、队伍建设能力	1. 选拔、聘用教职工	(1)明确实施原则： ·理念层面：以德为先； ·专业层面：结构合理； ·方法层面：秉持原则； ·全局层面：可持续发展。 (2)选拔与聘用教师的实施途径与方法： ·要关注教师所实习的幼儿园的评价； ·要关注教师对面试问题的回答； ·需要借助一定的工具，有针对性地了解教师； ·保持开放的心态； ·与高校合作培养、选拔； ·要关注园所的可持续发展和人的可持续发展； ·要关注教师成长的关键期； ·要关注教师队伍中的特殊群体。
	2. 规划教职工队伍建设	(1)明确实施原则：先进性、前瞻性、计划性、独特性。 (2)教师队伍规划的实施途径与方法： ·进行教师队伍现状分析； ·明确教师队伍规划的理念与目标； ·明确教师队伍规划的具体思路与措施：自上而下型；自下而上型。
	3. 提升教职工队伍素质	(1)明确实施原则：师德为先、以人为本、质量为先。 (2)提升教师队伍质量的实施途径与方法： ·重视师德建设，提高教师道德素质； ·完善培训机制，有效支持教师专业发展； ·完善教师管理机制，调动教师工作积极性； ·促进教师专业化发展，提升教师队伍质量。
	4. 稳定教职工队伍	(1)明确实施原则：自主原则、幸福原则、服务原则、发展原则。 (2)稳定教师队伍的实施途径与方法： ·环境育人，文化聚人； ·双激励，满足教师需要； ·成就自我，享受幸福； ·心有所属，体验归属感。

续表 7

专业能力 (本体性能力)	基本指标	培养策略与途径
九、指导家长工作能力	1. 指导教师树立正确的家长工作观念，学习家长工作的基本方法	(1)引导教师树立家园共育的意识，明确家园合作的重要性。 (2)引导教师树立正确的家长观，明晰家长的角色定位，对不同类型家长进行分析，采取有针对性的工作方法。 (3)建立有效的家长工作制度和流程，比如，形成家园联系的"三会"模板： ·新教师家长工作的难题分享会； ·经验型教师家长工作的创意会； ·骨干教师家长工作的微课展示会。 (4)引导教师逐步掌握家园形成合力四部曲： ·"拽"出来的前奏； ·"顺"出来的精彩； ·"引"出来的高潮； ·"牵"出来的完美。 (5)指导教师学习、掌握家长工作的基本方法： ·讲课式指导和活动式指导相结合，以活动式指导为主，增强家长的主动性、参与性； ·选择家庭中教子有方的家长组成骨干队伍，促进指导活动的互补性； ·随机指导、个别指导和集体指导有机结合，提高指导活动的针对性。
	2. 关注教师与家长沟通能力的提升	(1)提升教师的沟通意识，通过案例分析、问题解答等引导其学习家园沟通的艺术，丰富其家园沟通的策略与方法。 (2)搭建现代化的家园沟通平台(如 APP、微信公众号)，增强家园沟通的便捷性、实效性、情感性。 (3)开展多种形式的家园沟通： ·随机面谈，彰显师者的智慧； ·集体沟通，亮出专业的水准； ·电话沟通，提纲挈领先梳理； ·书面沟通，传递浓浓的关爱； ·网络沟通，拉近心与心的距离； ·短信沟通，换位思考的理解； ·环境沟通，潜移默化的表达； ·家访沟通，倾听家庭的故事。

专业能力 （本体性能力）	基本指标	培养策略与途径
九、指导家长工作能力	3. 指导教师整合家长资源	(1)明确利用家长资源的原则： ·机会均等原则； ·双主体原则； ·幼儿为本原则； ·家园双促进原则。 (2)发挥家长的主观能动性，以多样化的形式、灵活多变的方法引领家长参与到教育中： ·家长委员会——人尽其才，资源互补； ·家长志愿者——凝心聚力，牵手前行。
十、公共关系协调能力	1. 与相关部门沟通、协调	(1)谦虚谨慎，好学多问。 ·要不断学习，掌握较为广博的知识，吸收各方面的信息。 (2)主动应对，用足政策。 ·注重采取多种形式与公众交往，并在交往中促进了解，沟通感情，促进发展； ·要主动、积极地宣传国家相关的法律法规和本园的办园理念、成果，争取各级领导、相关部门的重视和支持。 (3)长期规划，适度宣传。 ·建立幼儿园对外合作与交流机制，开放办园，形成幼儿园与家庭、社会(社区)及其他园所间的良性互动； ·加强幼儿园与社会(社区)的联系，利用文化、交通、消防等部门的社会教育资源，丰富幼儿园的教育活动； ·引导家长委员会及社会有关人士参与幼儿园教育、管理工作，吸纳合理建议。
	2. 整合、利用资源	(1)在观念上，树立任何资源都是可用的现代管理理念。 (2)在眼界上，要具有开阔的视野和独到的眼光。
十一、安全管理能力	1. 组织安全工作	全面了解幼儿园安全管理的基本形式和主要问题，对幼儿园安全工作的重要性有全面、深刻的认识。
	2. 预见安全隐患并提前预防	(1)建立科学、规范的安全管理体系。 (2)把安全教育融入一日生活，定期组织开展多种形式的安全教育和事故预防演练。

续表 9

专业能力 （本体性能力）	基本指标	培养策略与途径
十一、安全管理能力	3. 应对和妥善处理幼儿园突发事件	制订幼儿园安全应急预案，如公共卫生事件预案、社会安全事件预案、自然灾害安全预案、应急演练预案。
	4. 指导开展幼儿园安全教育	(1)面向不同人群开展幼儿园安全教育： ·对教师的安全教育； ·对幼儿的安全教育； ·对家长的安全教育。 (2)开展多种形式的幼儿园安全教育： ·文字资料的宣传教育； ·事故案例的宣传教育； ·亲身体验的宣传教育； ·走出去培训与请进来培训结合的宣传教育； ·日常生活中的安全教育。
	5. 管理幼儿园信息安全	配备专职人员管理网络，并对本单位的网络使用情况进行监督、检查。
十二、指导后勤工作能力	1. 指导后勤工作计划的制订	基于已有成绩，预测未来发展，制订切实可行而又鼓舞人心的必达目标，做到"长计划，短安排"。 ·集思广益汇问题； ·七嘴八舌说计划； ·管中窥豹订计划； ·逐层递进做计划。
	2. 指导后勤工作的组织与实施	(1)利用心理效应，营造适度、规范的激励环境。 ·瓦拉赫效应：资源优化配置； ·共生效应：前勤后勤齐心做； ·蝴蝶效应：精益求精共努力； ·鲶鱼效应：不拘一格降人才； ·南风效应：心平气和破难题； ·扁鹊兄弟治病：未雨绸缪有规划。 (2)认识"四个理解点"，强化"创新型"人才的培养。 ·理解前瞻性的教育观点； ·理解园所文化理念； ·理解幼儿的年龄特点； ·理解教师的思维特点。

续表 10

专业能力 （本体性能力）	基本指标	培养策略与途径
十二、指导后勤工作能力	3. 对后勤工作进行评价与反馈	(1)深入一线，发现问题，现场指导，及时纠错。 ·奖惩机制人性化； ·奖惩机制公开化； ·奖惩机制可操作化。 (2)开展不同类型的过程评价，如幼儿评价、教师评价、园所评价、自我评价、社会资源评价。 (3)搭建平台，进行多样化学习。

园长的专业发展，是对幼儿园园长职业的重新定位，对园长胜任岗位职责应具备的专业精神、专业知识和专业能力提出了更高的要求。通过与北京市一百多位优秀幼儿园园长的共同研究与探讨，分析影响园长专业发展的综合性因素，挖掘影响其专业发展的多种因素，探讨促进园长专业发展的策略，我们最终搭建出园长专业素养的结构框架，并在此框架的基础上编写成本套《幼儿园园长专业能力提升丛书》。丛书以领导力理论和心理学相关研究为新的理论支撑，目的是帮助广大园长从优秀园长专业发展历程中借鉴经验，明确专业发展意识，从而有目的地确定努力方向，从根本上促进园长个人专业发展，进而推进园长职业群体的专业化进程，实现园长专业化；同时为园长专业发展的研究提供事实和理论依据，也为学前教育管理研究奉献绵薄之力。

本套丛书包括 11 本分册，涵盖 12 项幼儿园园长应具备的专业能力（其中，政策把握、规划制订两项能力合为一册）。书中不仅系统梳理了每项专业能力的组成要素、培养策略与途径，而且贯穿设计了案例分析、办园经验分享、拓展阅读资料等多样化的板块，力求使这些专业能力真正做到"看得见，摸得着"，使处于不同发展阶段、不同类型幼儿园的园长更清晰地了解自己所从事岗位的专业要求、内涵以及实施路径，最终达到促进园所保教质量提高，促进幼儿全面、健康、快乐发展的目的。

参与本套丛书编写的作者都是北京市学前教育兼职教研员队伍"园长管理组"的成员。丛书是这个团队全体成员在四年的研究和探讨中，系统梳理工作经验、感悟和思考，提炼而成的有教育理念支撑、有研究过程思辨、有实践经验提升的教育成果。可以说，每一项专业能力都能体现和运用于园长与幼儿、与教师、与家长、与行政部门相处的过程中，每一本书都蕴藏着教育的智慧，都能带给人新的思考。更进一步说，本套丛书是"园长管理组"全体成员对我们所热爱的幼教事业的真诚回报。感谢参与编写的幼儿园园长、教研员以及提供案例支持的幼儿园。主编苏婧负责了整体策划及全书统稿工作。

由衷地感谢北京师范大学出版社罗佩珍编辑，在时间紧、任务重的情况下，正是由于她努力工作，认真负责，本套丛书才得以顺利问世。

期待着《幼儿园园长专业能力提升丛书》能为幼儿园管理者们提供有益的参考，也衷心希望幼教同仁提出宝贵意见。

苏婧

2017 年 2 月

自 20 世纪 80 年代以来，尤其是在贯彻《幼儿园工作规程》的过程中，我国学前教育界就开始了全面改革。进入 21 世纪之后，教育部陆续颁布了《幼儿园教育指导纲要(试行)》《3—6 岁儿童学习与发展指南》，2016 年还颁布了新修订的《幼儿园工作规程》。随着新政策、新理念的落实，教育工作者的儿童观和教育观发生了深刻变化，开始重新认识幼儿身心发展的规律和需求，将保护幼儿的生命和促进幼儿的健康放在首位，强调促进每个幼儿富有个性地发展。

我国现代幼儿教育事业的开拓者、著名的儿童教育家陈鹤琴先生曾经说过："强国必先强种，强种必先强身，要强身先要注意幼年的儿童。"幼儿是祖国的未来和民族的希望，把幼儿培养成为健康向上的新一代，不仅是家长和幼教工作者共同的愿望，也是一项关系国家兴盛、民族复兴的战略性工作。2016 年新修订的《幼儿园工作规程》中明确指出幼儿园的任务是："贯彻国家的教育方针，按照保育与教育相结合的原则，遵循幼儿身心发展特点和规律，实施德、智、体、美等方面全面发展的教育，促进幼儿身心和谐发展。幼儿园同时面向幼儿家长提供科学育儿指导。"因此，幼儿园必须根据幼儿的生长发育规律和身心发展特点，采取有效措施，促进幼儿健康发展。这就要求园所的管理者要认识到卫生保健工作的重要性和意义，明确自己在卫生保健工作中的角色定位；需要具有较强的事业心和高度的责任感，要将关爱幼儿、保护幼儿的生命安全放在首位；需要具备教育学、心理学及幼儿卫生保健方面的专业知识，具有良好的卫生保健工作管理能力。同时，也要求每一名幼儿教师具备卫生保健的基本知识和基本技能，做好幼儿的卫生保健工作。

卫生保健工作对于幼儿园来说十分重要，这是幼儿教育阶段区别于其他教育阶段的重要特征，是由幼儿身心发展的特点决定的。在这个时期，幼儿身体各个组织、各个器官都处在迅速生长发育的过程中，但它们的发育又很不完善，幼儿对疾病的抵抗能力和对环境的适应能力都比较差，容易受外界条件的影响。此时期的幼儿好奇心强，活泼好动，易发生意外伤害。因此，需要科学指导卫生保健工作，采取有效的卫生保健措施，防止和消除不利于幼儿生长发育的各种因素，为他们创造良好的条件，使幼儿得到全面的发展，为其一生的健康赢得时间，为人才的培养打下良好的基础。

《尊重生命的管理——园长卫生保健工作管理能力的提升》是《幼儿园园长专业能力提升丛书》之一，旨在引领幼教工作者树立正确的健康观，保护和增强幼儿的身体健康，为幼儿的一生发展奠定良好基础。本书以《幼儿园教育指导纲要（试行）》《3—6 岁儿童学习与发展指南》《托儿所幼儿园卫生保健管理办法》以及北京市卫生局妇幼处和北京市儿童保健所编写的《北京市托儿所、幼儿园卫生保健工作常规》为编写依据，以北京市朝阳区卫生局和北京市朝阳区妇幼保健中心编写的《儿童保健工作文件汇编》为参照体系，以儿童健康观和健康管理理念为引领，广泛吸取前人的研究成果和实践经验，系统地阐述了园长卫生保健工作管理能力的相关知识。

本书的编写遵循科学性、思想性、系统性、实用性、现代性的原则，力求使内容和体例既具有科学性，同时又兼有创新性。本书立足于幼儿园的实践，力求内容通俗易懂、可操作性强，可以直接指导一线工作者，为幼儿园卫生保健工作提供抓手。全书共四章，包括总论、卫生保健管理、常规工作的管理与指导、卫生保健工作评价的管理，涵盖了园所各类人员在卫生保健工作中的职责、园所卫生保健制度的建设与落实、卫生保健计划与总结、常规工作中的健康检查、常见传染病的预防与管理、幼儿一日生活护理、卫生消毒、膳食管理以及对卫生保健工作人员和质量的评价等，并介绍了园长在幼儿园卫生保健管理工作中的职责及能力。本书是作者长期研究和实践工作的成果，也是集体努力的结晶。

本书可供幼儿园园长使用，也可作为幼儿园保健工作人员的参考资料，并适用于广大从事幼教专业的人员及学前儿童家长学习和参考。在编写过程中，编者参考了许多国内同行的论著及部分网上资料，材料来源未能一一注明，在此向原作者表示诚挚的感谢。由于编者水平有限，书中一定会有不足和疏漏，希望广大幼教工作者及其他读者在使用过程中多提宝贵意见，以便今后进一步修改。

编者

2017 年 2 月

目　录

第一章　总论

卫生保健工作对幼儿园来说十分重要，这是幼儿教育阶段区别于其他教育阶段的重要特征，是由幼儿身心发展特点决定的。在这个时期，幼儿身体各个组织、各个器官都处在迅速生长发育的过程中，但它们的发育又很不完善，幼儿对疾病的抵抗能力和对环境的适应能力都比较差，容易受外界条件的影响。此时期的幼儿好奇心强，活泼好动，易发生意外伤害。因此，需要科学指导卫生保健工作的组织和实施，在工作中采取有效的卫生保健措施，防止和消除不利于幼儿生长发育的各种因素，为他们创造良好的条件，使幼儿得到全面的发展。

第一节　卫生保健工作的意义

托幼机构是学前儿童生活和学习的重要场所，备受政府、社会和家庭的重视。由于这一阶段的幼儿有着特殊的生理特点，处于生长发育的关键时期，因此，关注幼儿的健康、营养和必要的生活护理十分重要。在托幼机构中，加强卫生保健工作的管理有着特殊的重要性，它对于规范托幼机构卫生保健工作将起到重要的指导作用，也为幼儿的健康和安全提供有力保障。

"预防为主"是我国卫生工作的根本方针。学前儿童生长发育迅速，可塑性强，但却是生命较为稚弱的时期，各器官系统发育不成熟，因而他们对环境的适应能力和抗疾病能力较低。卫生保健工作稍有疏忽，就可能给幼儿的健康带来不利影响，甚至造成难以弥补的损伤。因此，幼儿园各项卫生保健工作必须坚持贯彻"预防为主"的方针，对疾病与事故做到防患于未然。同时要实行保教结合，保育和教育并重的原则，注重幼儿体格锻炼，进行健康教育，保证幼儿身体健康，促进生长发育。

《幼儿园教育指导纲要（试行）》也明确提出："幼儿园必须把保护幼儿的生命和促进幼儿的健康放在工作的首位。树立正确的健康观念，在重视幼儿身体健康的同时，要高度重视幼儿的心理健康。"为幼儿营造一个健康成长的环境，这是开办幼儿园最基础的要求和责任。幼儿园的卫生保健工作事关全体幼儿的生命安全，也是决定幼儿园前途命运的大事，所以，园所要不断完善卫生保健制度，认真落实相关法规，为幼儿身心的健康发展撑起一片蓝天。

第二节　园长对卫生保健工作的认识与理解

幼儿园的卫生保健，是以实现幼儿的身心健康为目标，运用多种手段和措施，采取科学且行之有效的方法，帮助幼儿逐步形成有益于健康的行为和习惯，提高幼儿自我保护的意识及能力，促进幼儿身心和谐健康发展。幼儿园的卫生保健工作的根本任务是在集居的条件下有力地保障和促进幼儿的身心健康。幼儿卫生保健既是幼儿身心和谐发展所需，也是幼儿身心充分发育与发展的前提。理解幼儿园卫生保健工作的紧迫性和责任感，增强幼儿的健康不仅能提高其幼儿期的生命质量，而且有益于多种疾病的早期预防，为幼儿一生的健康赢得时间，为人才的培养打下良好的基础。

一、幼儿园应将幼儿的生命安全放在首位

为确保幼儿园卫生保健工作的科学到位以及保教工作的有效运行，杜绝伤害幼儿身心的事件发生，幼儿园园长需要具有较强的事业心和高度的责任感，要将关爱幼儿、保护幼儿的生命安全放在首位，需要具备教育学、心理学及幼儿卫生保健方面的专业知识，具有良好的管理能力，要善于不断学习，提高自身素质，跟上时代发展的步伐。

卫生保健工作是幼儿园的一项十分重要的工作，是实现幼儿园教育目标与管理目标的重要方面，也是促进幼儿身心和谐发展的保证。提高健康观念，幼儿园应把幼儿的卫生保健工作列为管理的目标之一。关爱儿童，从卫生保健工作做起，以人为本，为幼儿的终身发展奠定良好基础。

二、幼儿园应保证卫生保健工作的首席地位

《托儿所幼儿园卫生保健工作管理办法》及《托儿所幼儿园卫生保健工作规范》等系列文件，从"法"的高度明确了卫生保健工作在幼儿园中的重要地位和作用。幼儿园应将卫生保健工作置于管理的重要位置。

《国家中长期教育改革和发展规划纲要（2010—2020 年）》明确指出："学前教

育对幼儿身心健康、习惯养成、智力发展具有重要意义。"幼儿正处于身心快速生长发育和发展的关键时期，身心各方面的机能尚未成熟，对外界的适应能力比较差，疾病等会对幼儿的身心健康构成严重的威胁。因此，园所应对卫生保健工作有充分的认识与理解，保证卫生保健工作的首席地位。

三、幼儿园卫生保健工作应具备专业水准

卫生保健工作应具备专业水准，从管理角度要确保卫生保健工作更为科学与细致。园长应对园所卫生保健现状清楚，做到心中有数。卫生保健工作涉及面广，工作要求高、难度大。在实施精细化管理中，抓好对保健部门的管理是非常重要的。幼儿园的保健部门既是卫生保健制度的执行者，也是各项保健工作的组织者，更是园长管理和指导的参与者。

（一）建章立制

根据《北京市托幼机构卫生保健工作标准》以及幼儿园的具体情况，并根据上级部门统一下发的《北京市托儿所、幼儿园卫生保健工作常规》等相关内容，园所应建立一系列卫生保健工作制度，从操作层面将相关要求通过文字形式制定出来。（详见第二章）

（二）过程督查

卫生保健工作虽有严格的规范，但操作时是保健部门及各个班级的保育人员个别进行的，因此，过程管理显得尤为重要。平时，园长和保健人员通过定期检查和专项抽查全面掌握卫生保健工作的落实情况，并将检查情况记载入册。管理中要注意发挥专职保健人员在这方面的专长，并使班级保教工作与专职人员的工作紧密结合，使卫生保健工作的任务和目的真正落实到幼儿身上，促进幼儿身心健康发展。

（三）人员配备

园所配备的卫生保健工作人员应具备卫生保健工作的相关知识和专业能力。

第三节　园长在卫生保健工作中的角色定位

幼儿园园长在卫生保健工作中应明确自己的角色定位。园长在卫生保健工作中应充当领导者、参与者、决策者、监督者、指导者和支持者。幼儿园里要有一

名领导主管卫生保健工作，作为园领导实施卫生保健工作的助手；同时还应建立起一支包括班组保教人员、后勤炊事人员等的积极分子队伍。幼儿园卫生保健工作涉及面广，它与全体工作人员都有关系，管理者应广为宣传、高度重视，动员全员参与，通过岗位责任制、卫生保健工作考核评比等制度和措施，将有关人员的工作内容和职责确定下来。幼儿园还可以根据工作实际和需要成立专项小组，如儿童膳食管理小组、安全工作检查领导小组等，从各个方面推动幼儿园卫生保健工作的开展。

一、幼儿园园长应充分发挥对卫生保健工作的领导作用

《托儿所幼儿园卫生保健管理办法》第九条明确规定了托幼机构的法定代表人或者负责人是本机构卫生保健工作的第一责任人。幼儿园园长应明确自身对卫生保健工作负有领导责任，充分发挥对卫生保健工作的领导作用，参与卫生保健工作的制定，发挥领导者和决策者的作用。幼儿园卫生保健工作是幼儿园工作的重要组成部分，卫生保健管理的好坏直接关系着幼儿园的办园质量。作为管理者，幼儿园园长要将卫生保健工作置于管理的重要位置，立足本园实际，探索卫生保健工作，不断提高卫生保健水平，使园所保教质量稳步提高。

二、幼儿园园长应充分发挥对卫生保健工作的监督作用

幼儿园应配备专门分管卫生保健工作的领导，既要确保卫生保健工作方面设施、设备的投入，又要抓常规工作要求的规定、督促、检查，保证卫生保健工作落到实处。在卫生保健工作的落实过程中，幼儿园园长对于卫生保健工作的监督就显得尤为重要。在对卫生保健工作监督的过程中，幼儿园园长既要对保健部门的工作进行监督，也要对班级卫生保健工作进行监督；既要对管理工作进行检查和指导，也要对具体操作进行检查和指导。

第二章　卫生保健管理

卫生保健管理工作涵盖卫生保健工作人员职责、卫生保健相关资质申请与审核、卫生保健制度建设与落实、卫生保健工作预案的制订与执行、卫生保健工作计划与总结的制订与实施、卫生保健资料分析与保存六个方面的内容。这六个方面的工作是园所全部卫生保健工作顺利实施的有效保障，对于促进幼儿健康发展有十分重要的意义。

第一节　卫生保健工作人员职责

园所的卫生保健工作人员包括园长、后勤主任、保健班长（或主任）、保健医，以及保教主任、教师、保育员。这些人员各有不同的职能，各负其责，相互配合地开展各项工作。

一、园长在卫生保健工作中的职责

幼儿园园长是卫生保健工作的第一责任人，负责组织、实施和管理园所内的卫生保健工作。一般来讲，幼儿园园长卫生保健工作指导能力的提升，可以从卫生保健工作计划的制订、卫生保健工作的原则与内容、卫生保健工作的评价与反馈三个方面入手。

卫生保健工作是幼儿园保健人员的工作任务与职责，同时也涉及幼儿园工作的各个方面，如总务后勤、班级教育管理等。幼儿园领导应充分重视这项工作，在管理中要注意发挥专职保健人员在某方面的专长，并使班级保教工作与专职人员的工作紧密结合，使卫生保健工作的任务和目的真正落实到幼儿身上，促进幼儿身心健康发展。幼儿园应将卫生保健工作置于管理的重要位置。幼儿园要有一名领导主管卫生保健工作，并作为园领导实施卫生保健工作的助手；同时还应建立起一支包括班组保教人员、后勤炊事人员等的积极分子队伍，在组织上保证卫生保健工作的开展和落实。幼儿园卫生保健工作涉及面广，它与全体工作人员都有关系。管理者应广为宣传，高度重视，通过岗位责任制、卫生保健工作考核评比等制度和措施，将有关人员的工作内容和职责确定下来，协调各部门，促进卫生保健人员落实、监督指导工作。

园长应明确自身对卫生保健负有的领导责任。《托儿所幼儿园卫生保健管理办法》及《托儿所幼儿园卫生保健工作规范》等系列文件，从"法"的高度明确了卫生保健工作在幼儿园中的重要地位和作用。幼儿园管理者从思想上高度重视卫生保健工作，不仅要了解卫生保健工作的意义和任务，更要清楚卫生保健工作的内容构架。总体来说，园长对园所卫生保健工作具有以下职责。

第一，了解卫生保健部门对卫生保健工作的基本要求，认真落实、监督托儿所幼儿园卫生保健制度、食品安全制度的实施；定期对园内工作进行检查与指导；清楚园内卫生保健工作状况；明确园内卫生保健工作发展的目标与方向。

第二，负责制订全园工作计划和总结(含卫生保健部门的工作要求)；必须要建立明确的卫生保健工作管理机制和日常监督检查机制；参与园所内相关的卫生保健会议，抽查各班的卫生保健工作落实情况，协调园所内外关系。

第三，制定人员编制，明确岗位分工及人事的聘任、调离、晋升考核，合理安排保健保育、炊事人员的工作。

第四，组织园所保教人员参加保健知识业务学习，提高保教人员的保健知识水平；提供多种保健部门人员学习与晋升的机会，采取奖励机制，充分调动其工作的积极性。

第五，实施科学化、规范化管理，及时了解国内外有关托幼园所卫生保健工作的信息动态，吸取经验，不断改进；定期参加卫生保健知识的培训，提高自身的管理水平。

二、保健人员在卫生保健工作中的职责

要求从事卫生保健工作的人员要热爱卫生保健工作，喜爱幼儿，上岗前接受培训并考核合格，有一定的专业知识水平；责任心强，爱学习，肯钻研，能不断改进工作。

保健人员在工作中应具备以下职责：熟悉托幼园所卫生保健管理要求，熟悉业务理论；充分利用卫生保健业务知识，指导园内卫生保健工作；协助园长组织实施有关卫生保健方面的法律、规章和制度，并监督执行；密切与当地卫生保健机构的联系，协助做好疾病防控和计划免疫工作；负责园内工作人员(如保教人

员、炊事人员、库房管理人员、采购人员等)的卫生保健业务培训；负责园内卫生保健工作的检查与指导。

三、保教人员在卫生保健工作中的职责

观察了解幼儿，依据国家有关规定，结合本班幼儿年龄特点合理安排幼儿一日生活；严格落实并执行幼儿园安全、卫生保健制度，指导并配合保育员管理本班幼儿生活，做好卫生保健工作。

保育员负责本班教室、环境的清洁卫生和消毒工作；在卫生保健人员和本班教师指导下，严格执行幼儿园安全、卫生保健制度。

四、后勤人员在卫生保健工作中的职责

后勤人员要将卫生保健工作要求与本职工作相结合，主要保障园所的安全和卫生清洁工作，严格落实并进行检查督促。公共区域以及大型玩具的卫生情况，在传染病防控方面起着重要的作用。食品卫生安全是幼儿园安全中的重中之重。这些都需要后勤人员予以特别注意。

第二节　卫生保健相关资质申请与审核

卫生保健管理要求幼儿园必须取得"北京市托幼机构卫生评价报告"与"餐饮服务许可证"。为取得上述资质，幼儿园应该注意下列问题。

一、园所取得资质应该达到的标准

依据《北京市托幼园所分级分类验收标准及细则》，对幼儿园室内外的场地、设备设施、玩具、空气等有以下要求。

第一，园(所)内建筑物、户外场地、绿化用地及杂物堆放场地等总体布局合理，有明确的功能分区。

第二，室外活动场地地面应平整、防滑，无障碍，无尖锐突出物。

第三，活动器材安全性符合国家相关规定。园(所)内严禁种植有毒、带刺的植物。

第四，室内环境的甲醛、苯及苯系物等检测结果符合国家要求。

第五，室内空气清新、光线明亮，安装防蚊蝇等有害昆虫的设施。

第六，每班有独立的厕所、盥洗室。每班厕所内设有污水池，盥洗室内有洗涤池。

第七，盥洗室内有流动水洗手装置，水龙头数量和间距设置合理。

二、保健室取得资质应该达到的标准

按照《托儿所幼儿园卫生保健管理办法》要求，设立保健室或卫生室，其设置应当符合《托儿所幼儿园卫生保健工作规范》保健室设置基本要求。保健室面积不小于12平方米，保健室要备有以下设备、设施或满足以下要求。

第一，一般设备：成人办公桌椅、药品柜、资料柜、流动水或代用流动水设施、儿童观察床、儿童桌椅。

第二，体检设备：体重计（最小刻度50克）、国际标准视力表或标准对数视力表灯箱、身高坐高计（3岁以上幼儿使用）、卧式伸长计（3岁以上幼儿使用）。

第三，消毒设备：常用消毒剂、紫外线灯或其他空气消毒装置。

第四，常规医疗用品：听诊器、儿童血压计、体温计、手电筒、一次性医疗用品、体围测量软尺、暖水袋。

第五，常用药品：可有少量、小包装外用药品。

第六，住宿幼儿园必须设立隔离室。隔离室远离健康班级。

三、食堂"餐饮服务许可证"办理须知

新建园所要根据食品药品监督管理局要求建设食堂环境。根据食品药品监督管理局要求上交相关表格和文件复印件，到区食品药品监督管理局办事大厅办理手续。

食堂"餐饮服务许可证"到期前，要按照相关要求办理延续手续。

四、取得资质的其他注意事项

新设立的托幼机构，应当按照《托儿所幼儿园卫生保健工作规范》卫生评价的要求进行设计和建设，招生前应当取得区妇幼保健院出具的符合《托儿所幼儿园卫生保健工作规范》的卫生评价报告。室内环境的甲醛、苯及苯系物等检测结果符合国家要求，并有相应的检测报告。

新申请"北京市托幼机构卫生评价报告"的托幼机构需具有园所办学许可和食堂"餐饮服务许可证"，再根据上级儿保部门要求，进行"北京市托幼机构卫生评价报告"的办理。

新申请"北京市托幼机构卫生保健工作综合评价报告"（以下简称"综合评价报告"）的托幼机构，在"北京市托幼机构卫生评价报告"到期前两个月提出复验申请，并将填写完整的"北京市托幼机构卫生保健工作综合评价申请书"及"北京市托幼机构卫生保健工作综合评价自查报告"上交至区妇幼保健

中心儿保科。

已取得"综合评价报告"的托幼机构要注意，"综合评价报告"有效期为三年。在"综合评价报告"到期前，托幼机构应根据上级儿保部门要求，提出申请材料，办理延续手续。

第三节　卫生保健制度建设与落实

卫生保健制度的建设对于园所卫生保健工作的开展有十分重要的意义。为保障工作科学、合理、有效，园所应该制订一日生活制度、儿童膳食管理制度、健康检查制度等十余项制度，并有效落实，下面进行详细说明。

一、完善卫生保健制度的重要意义

卫生保健制度是托幼机构卫生保健工作正常运转的保证。应依据《托儿所幼儿园卫生保健工作规范》《北京市托儿所幼儿园卫生保健工作常规》，建立健全从园所实际工作需要出发，既细致周全，又具有可操作性的卫生保健制度。制度要细致，重点工作应配以流程图，主要包括一日生活制度、儿童膳食管理制度、健康检查制度、卫生消毒制度、传染病预防与控制制度、常见病预防与管理制度、体格锻炼制度、儿童伤害制度、健康教育制度、卫生保健健康信息收集制度等。

二、各项卫生保健工作制度的制订

（一）一日生活制度

科学合理的生活安排，有利于幼儿神经系统、消化系统及其他各器官系统的正常发育，从小培养幼儿良好的生活行为习惯。提高对环境的适应能力和对疾病的抵抗能力，促进幼儿身心和谐发展要根据各年龄段幼儿的生理和心理特点，结合季节变化和本托幼机构的实际情况，制订合理的生活制度。

合理安排一日幼儿饮食、活动、睡眠等各个生活环节的时间（表2-1）、顺序和次数，注意动静结合、集体活动与自由活动结合、室内活动与室外活动结合，不同形式的活动交替进行。保教人员在各个环节中，对幼儿进行针对性、重点性地护理。

表 2-1　1～6 岁儿童一日生活活动时间分配

年龄（岁）	饮食			一日安排活动时间					睡眠		
	次数		间隔时间（小时）	户外（小时）		集体教育活动			日间（小时）		夜间（小时）	合计（小时）
	日托	全托		日托	全托	小班	中班	大班	冬春季	夏秋季		
1～6	3+1	3+2	3.5～4	≥2	≥3	15～20分钟	20～25分钟	25～30分钟	1.5～2	2～2.5	10	12～12.5

注：户外、睡眠时间可根据季节、年龄做适当调整。

（二）膳食管理制度

托幼机构食堂应当按照《中华人民共和国食品安全法》《中华人民共和国食品安全法实施条例》以及《餐饮服务许可管理办法》《餐饮服务食品安全监督管理办法》《学校食堂与学生集体用餐卫生管理规定》等有关法律、法规和制度的要求，取得"餐饮服务许可证"，建立健全各项食品安全管理制度。托幼机构应当为幼儿提供符合国家生活饮用水卫生标准的生活饮用水。

为了幼儿的健康，幼儿园的膳食主要从食堂采购、库房管理、营养膳食、食品卫生、幼儿进餐护理等方面进行管理。

（三）健康检查制度

为了幼儿健康，严把入园、转园、定期体检、晨午检及全日健康观察等环节，定期对教职工进行体检，保证幼儿的身体健康。

（四）卫生消毒制度

幼儿园是集体环境，幼儿每天在园内游戏、生活，一个整洁、卫生、安全、舒适的环境，对幼儿的身心健康成长尤为重要，所以幼儿园必须建立室内外环境卫生清扫和检查制度，并严格执行。保健人员要定期或不定期地检查并记录，发现问题及时改正。

（五）传染病预防与控制制度

主要是对幼儿按时进行计划免疫程序的管理，以防漏针。早期发现传染源，并做好消毒隔离检疫工作。发生传染病时能及时进行防控，将传染病发生的面积控制在最小范围。做好传染病的报告与登记，保证在园幼儿的健康。

（六）常见病预防与管理制度

园所应当通过健康教育普及卫生知识，培养幼儿良好的卫生习惯；提供合理平衡膳食；加强日常健康观察和护理；加强幼儿体格锻炼，增强幼儿体质，提高

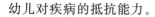

幼儿对疾病的抵抗能力。

管理的主要对象有贫血和营养不良儿童、超重儿、肥胖儿，对于有先天性心脏病、哮喘、癫痫等疾病的幼儿，以及有药物过敏史或食物过敏史的幼儿，进行登记管理并给予干预措施。保证幼儿要从小养成对五官保护的健康生活习惯，发现异常应及时督促矫治。对于有心理行为问题的幼儿，应及时告知家长，陪同幼儿到医疗保健机构进行诊疗。

（七）体格锻炼制度

园所应当根据幼儿的年龄及生理特点，结合园内实际情况，根据季节、日光、天气、器械等条件制订符合幼儿特点的体育运动计划，包括游戏的原则、形式、内容、目的、时间以及运动强度。户外活动形式定期进行变换。

保证幼儿室内外运动场地和运动器械的清洁、卫生和安全。定期进行室内外安全隐患排查。在活动中，注意幼儿安全和身体状况，避免运动伤害的发生。

全面了解幼儿健康状况，患病幼儿停止锻炼；病愈恢复期幼儿的运动量要根据身体状况予以调整；患有常见病的幼儿的体格锻炼进程应当较健康幼儿缓慢，时间缩短，并对其运动反应进行仔细的观察与护理。保健人员定期对园内幼儿的户外活动进行指导。

幼儿园每年进行体能测试，在活动开展前，成立体能测试小组，保障测试成绩的准确性，减少误差。活动开展中，注意场地、器材的准备，安全措施的防护，正确的测评方法。活动后注意数据的收集与分析。在日常户外活动中，要将体质测试项目融入户外游戏之中，并对测评结果给予分析和反馈，指导幼儿今后的体格锻炼。

（八）安全制度

园所的各项活动应当以幼儿安全为前提，建立安全防控工作体系和安全制度，建立重大自然灾害、食物中毒、踩踏、火灾、暴力等突发事件的应急预案。对伤害的预防有监测和预防工作的落实检查。

加强对工作人员、幼儿及监护人的安全教育和突发事件应急处理能力的培训，定期进行安全演练、预防幼儿伤害相关知识和急救技能的培训，普及安全知识，提高幼儿自我保护和自救的能力。

（九）健康教育制度

根据不同季节、疾病流行等情况，针对不同人群（教职工、家长、幼儿），结合园内实际情况制订具有可操作性的计划。幼儿园内开展的主要健康教育内容有：良好生活与卫生习惯的培养教育、生活自理能力的培养教育、疾病预防教育、安全教育、心理卫生教育、膳食营养教育、性别教育、环境与健康教育等。以多种形式和方法（板报、家长会、微信、宣传材料等）开展园所的健康教育工作，保证健康知识观点正确，对于健康教育开展后的效果进行评估，便于今后工作的改进。

（十）卫生保健健康信息收集制度

园所内要求的各种登记、统计表册和工作记录都要真实、完整、字迹清晰，并有具体要求。工作记录应当及时归档，至少保存三年。数据要有分析、评价、指导、检查、统计报表、收集报送等。利用信息资料分析、总结、指导今后的园所卫生保健工作。

建立健康档案，包括托幼机构工作人员健康合格证、幼儿入园健康检查表、幼儿健康检查表或手册、幼儿转园健康证明。

托幼机构应当对卫生保健工作进行记录，如出勤、晨午检及全日健康观察、膳食管理、卫生消毒、常见病、传染病、伤害和健康教育等记录。

熟练掌握北京市妇幼信息系统，根据工作要求进行操作。

（十一）补充制度

如开窗通风制度，幼儿园患病幼儿服药制度，因病缺课登记制度，传染病疫情、突发公共卫生事件监测、报告制度，传染病复课制度，空调使用制度，直饮水机使用制度，空气净化机使用制度等。

第四节　卫生保健工作预案的制订与执行

在严格管理之下，幼儿园也难免遇到突发事件，为妥善处理，园所对于有可能发生的突发事件要严格预防，并制订应急预案，以此把伤害与损失减少到最小，迅速反应，临危不乱。

一、预案的重要性

应急预案是为了规范安全事故应急管理，提高处置安全事故的能力，在事故发生后，能迅速有效、有序地实施应急救援，保障人员生命和财产安全，减少损失。"预防为主"以身体健康与生命安全为原则，维护幼儿园正常的教育秩序和校园稳定，然而无论预防措施如何周密，事故和灾害总是难以根本杜绝。为了避免或减少事故和灾害所造成的损失，必须高度重视应急预案的制订。凡事预则立，不预则废，只有认真做好应急预案实施的各类准备工作，才能把事故与灾害所造成的人员伤亡或财产损失减少到最小。迅速的反应和正确的措施是处理紧急事故和灾害的关键。

二、预案制订的依据与标准

为了切实提高园所预防和控制突发事件的能力和水平，指导和规范各类公共卫生突发事件的应急处置工作，减轻和消除突发事件的危害，保障师生员工的身体健康与生命安全，根据《中华人民共和国传染病防治法》《突发公共卫生事件应急条例》《学校卫生工作条例》等法律法规，或者根据上级单位制订的相关预案，制订符合本园实际情况的突发公共卫生事件的应急预案。预案一定要简明扼要，具有可操作性，且职责明确，责任到人。

三、幼儿园常见卫生保健工作预案

有些预案是发生事件后，紧急采取应对措施的处置预案，如传染病防控预案、餐饮应急处置预案、幼儿意外伤害事故处理预案等。

有些是针对自然环境采取的处置预案，如幼儿园预防空气重污染预案、地震应急预案、火灾事故应急预案、防止天然气泄露事件应急预案等。

有些是应对人为破坏或可以人为预防等的预案，如防爆应急处置预案、预防园外集体活动事故预案、预防幼儿踩踏事故预案等。

第五节　卫生保健工作计划与总结的制订与实施

园所的卫生保健工作需要有计划、有准备地开展，这样才能保障工作的科学、高效、合理。本节将系统介绍计划与总结的内容、原则、实施及撰写细节。

一、卫生保健计划的内容

计划是管理工作的起点。幼儿园卫生保健工作的落实和执行，也应该从计划开始。园长在制订计划时，要明确提出卫生保健工作的目标、任务及要求，制订全园性的卫生保健工作计划，各相关部门要根据全园计划制订本部门的工作计划，层层分解，层层落实，并提出具体落实措施。计划反映了管理者的理念和对幼儿园发展方向的把握。

计划的制订要以卫生保健工作管理目标为出发点，针对工作中的薄弱环节，明确提出各项卫生保健工作的内容、质量要求、步骤方法及执行人，做到重点突出，任务明确，措施具体，切实可行。

二、卫生保健计划的制订原则

(一)前瞻性原则

园长应实施科学化、规范化管理，及时了解有关托幼园所卫生保健工作的信息动态，吸取经验，不断改进；定期参加卫生保健工作的培训，提高自身的管理水平；应经常参加上级保健部门组织的培训会和年底工作总结布置会，了解最新保健动态和上级指示精神，做到步调协调一致。

(二)科学性原则

卫生保健工作计划的制订应符合幼儿身心发展特点，尊重幼儿生长发展规律，依据相关幼儿发展指标。幼儿园园长应该关注卫生保健统计工作，关注管理指标是否达到考核的标准，如未达标，要分析不达标的原因，要有改进措施。在新学期的计划中要关注是否涉及卫生保健现状分析，使工作有的放矢，做到科学化、规范化管理。

(三)实事求是原则

幼儿园在制订卫生保健工作计划中也应遵循实事求是原则。通过对本学年幼儿整体健康状况的调研和分析，对照幼儿健康发展指标及幼儿在此年龄段应达到的效果，根据实际情况来科学地制订下学年的卫生保健工作计划。

(四)及时调整原则

对于卫生保健工作要做到解放思想、实事求是、因园制宜，不受条条框框束缚，边规划边调整。尤其是计划落实过程中如果出现问题，要及时调整。

此外，教师也可根据幼儿体格锻炼情况随时调整教学活动计划，不必拘泥于既定计划，受条条框框束缚，以保证幼儿体格锻炼效果的达成。

(五)参与性原则

要做好宣传工作，让全园教职工充分认识到卫生保健工作的重要性，将卫生保健工作渗透到各个环节，做到人人参与。利用全园会、教代会、家长会等途径，提高教师、家长的卫生保健意识，重视幼儿生活护理、行为习惯养成教育等。

三、卫生保健计划的实施策略

(一)加强领导、有序安排

园长及各部门人员要牢固树立"健康第一"的指导思想，把保障幼儿的身心健康列入重要的议事日程，成立幼儿园卫生保健工作领导小组。按照托儿所幼儿园卫生保健工作规范，制定符合本园的卫生保健工作制度，按照制度要求落实工作，进行检查，形成卫生保健机制。

（二）明确目标与任务

园长及卫生保健相关人员要针对上学期出现的问题，如幼儿的生长发育状况、肥胖儿管理、新龋率高等以及可预知的问题，通过了解上学期各方面的情况，明确本学期的重点工作任务，根据任务制定本学期要达到的目标。

例如，每年幼儿园会安排全面体检，通过体检数据就可获得幼儿的整体生长发育情况，以便有针对性地开展接下来的工作。幼儿在园内体检的目的是检测幼儿的生长发育情况，及时发现生理发育的异常。通过对体检数据如实统计与分析，也可以指导幼儿园卫生保健的下一步重点工作安排。再如，家园合作方面，及时反馈、及时纠正幼儿的不良行为习惯，及时带幼儿去医院矫治，个别指导结合家长会、健康知识宣传等。又如，保教配合方面，反馈教学主任、班级教师，根据年龄特点、常见病注意事项进行有针对性的生活护理及行为纠正。保健部门日常检查与监督方面，针对体检各项指标出现的问题对班级教师、幼儿都可以有指导地观察，并针对这些问题，对日常工作进行管理，预防幼儿常见病的发生，促进幼儿健康成长。

（三）突出重点、要求明确

卫生保健计划的制订要突出重点，注意解决工作中的薄弱环节。任务要明确，措施要具体可行。对各项工作，要明确规定内容及质量要求，规定具体的步骤、方法、完成时间、执行人，使计划切实可行。卫生保健工作中经常出现薄弱环节，如保健医个人业务水平欠缺、工作能力不足，保健部门与教育教学沟通协调欠缺等，一旦发现这些薄弱环节就要重点去解决，以促进卫生保健工作的正常落实。

四、卫生保健计划的实施途径与方法

依据园所的实际发展情况，结合卫生保健部门的相关要求，查找园所卫生保健工作的薄弱环节，开展卫生保健工作调研。

对卫生保健工作的相关问题进行研讨，在此基础上制订计划，并对卫生保健计划的科学性和可行性进行论证。

对卫生保健工作的目标进行层层分解和细化，要求各部门（教学、后勤、财务）以及家长逐层落实，将卫生保健工作渗透到各个环节，做到人人参与，每个

人明确各自的职责与任务。

在工作落实过程中，依据相关部门计划执行的反馈情况，对计划进行相应调整。针对计划执行情况，对实际完成的工作进行总结。

五、卫生保健计划与总结的撰写

根据上级部门要求，针对园所卫生保健工作实际情况，制订本学年工作计划和工作总结。工作计划应有明确的指导思想、目标和具体措施。工作总结应对计划完成情况、工作成绩、存在问题进行总结。

书写要求：具体、重点突出。

（一）计划撰写内容

情况分析：上学年工作成绩以及上学年工作中的不足。

指导思想：相关法律法规和幼儿园常用管理规范。

重点工作及目标：针对上学年工作中的不足，对本学年进行有目标、有措施的改进。

常规工作：卫生保健日常工作，如任务、措施等。

各月计划：每月具体工作。

（二）总结撰写内容

本学期工作成效：根据计划完成的重点工作和常规工作。

本学期工作中存在的不足：不足以及原因分析，可作为下学期工作计划中的重点工作。

第六节 卫生保健资料分析与保存

完善的资料便于信息的查阅、分析与指导实践，对于园所具有十分重要的意义。本节给大家详细介绍资料保存的重要意义、原则、内容以及借阅方面的内容，便于完善园所的卫生保健资料管理。

一、资料分析与保存的重要意义

卫生保健工作的内容、质量及幼儿受益情况往往需要用工作记录、统计数字加以反映，统计数字又源于常规登记报告的建立与完善。在获得完整、真实、准确的原始数据资料后，必须进行科学的分析与统计学的处理，得出最终结论。它不仅可

以使保健人员从中获得有益的信息，同时也反映了园所卫生保健工作的质量。

二、资料分析与保存的原则

资料的分析要结合工作实际和幼儿特点，提出建设性意见和下一步工作策略。资料保存要求完整、有序，要有连续性，一般保留三年。

三、资料分析与保存的内容

一般一份材料包括封面、目录、内容、统计、分析等内容。

（一）常规的卫生保健表册

主要包括卫生保健登记册、卫生保健登记表、卫生保健统计表等。（详见第三章第十节卫生保健管理工作记录）

（二）其他常用表册及分析

包括幼儿体检分析、幼儿体质测试结果分析、预防接种查验登记、班级带药登记、幼儿服药单、因病缺勤登记、常见病儿童饮食记录表、户外活动观察记录表、班级消毒记录表、幼儿户外活动检查表、日常卫生检查表、儿童进餐情况检查表、日常保健工作指导记录等。

保健人员要定期(一个阶段或一个学期)对这些结果或数据进行统计分析，用数据指导工作，全面提升卫生保健工作质量。例如，对幼儿体检数据进行分析，了解幼儿常见疾病、超重或肥胖儿童的发生情况、幼儿体格发育增长情况、五官保健健康情况等，对今后日常工作及重点工作进行指导。又如，对体测数据进行分析，按总分、六项素质指标的情况，分析全园情况或班级与同年龄组、与全园、与去年同期对比情况，对下一学年的体格锻炼规划给予方向性的指导。再如，常用表格分析，如卫生检查评比表，可以反映出班级卫生做得是否认真，是否需要给保育员进行培训或个别指导等；因病缺勤记录表、出勤登记表反映幼儿生病是集中于某个班级还是某个年龄段或是全园，是保教人员日常护理不得当还是全园有传染病发生的可能等；幼儿饭菜质量监测表可以分析幼儿进食量过少是因为幼儿户外活动量不足、身体不适、挑食，或是因为饭菜形、香、色、味不符合幼儿生理或心理特点等，从而更好地改进和提升卫生保健工作质量。（常用表格范本样式详见第三章第十节卫生保健管理工作记录）

四、资料的借阅

已存档资料是记录卫生保健工作和提供信息的宝库，将卫生保健档案交予园所档案员管理，如需借阅，参照园内档案管理条例进行借阅和参考。

第三章　常规工作的管理与指导

第一节　健康检查

一、健康检查的重要意义

健康检查是幼儿保健工作的重要部分。由于幼儿生长发育迅速，健康状况易受疾病、外界环境、膳食营养等因素的影响，因此，必须定期系统地进行体格检查，同时工作人员也要身体健康，避免成人将疾病传播给幼儿，确保每个幼儿和教师的身体健康，为幼儿园正常有序的工作奠定基础。健康检查的目的是动态地、系统地观察幼儿的生长发育趋势，及早发现并消除不利于幼儿生长发育的因素，筛选体弱儿进行专案管理，对于视力筛查异常者进行早期干预，通过健康检查及早发现疾病，尽早治疗，保障幼儿健康成长。

二、健康检查的各项工作内容

幼儿健康检查可以帮助家长及时发现幼儿在成长过程中出现的这样或那样的问题，做到早发现、早治疗、早干预。

（一）幼儿体检

1. 入园健康检查

防止患有传染病幼儿或其他不宜入园幼儿入园，以保护在园幼儿的健康。

幼儿入托幼机构前应当经地段保健科进行健康检查，合格后方可入园。

承担幼儿入园体检的医疗卫生机构及人员应当取得相应的资格，应当按照《托儿所幼儿园卫生保健管理办法》规定的项目开展健康检查，规范填写"幼儿入园健康检查表"，不得违反规定擅自改变健康检查项目，保证幼儿园体检率达100％。

幼儿入园体检中发现疑似传染病者应当"暂缓入园"，及时确诊治疗。

幼儿入园时，托幼机构应当查验"幼儿入园健康检查表""0～6岁儿童保健手册""预防接种证"。

2. 定期健康检查

健康检查可监测幼儿生长发育情况，及时发现幼儿体格和智力的异常发育。通过体检，可及时发现不利于幼儿生长发育的因素及疾病，如龋齿、沙眼、营养不良性疾病、视力不良、佝偻病、贫血、心脏疾患等。

承担幼儿定期健康检查的医疗卫生机构及人员应当取得相应的资格。幼儿定期健康检查项目包括测量身长（身高）、体重，检查口腔、皮肤、心肺、肝脾、脊柱、四肢等，测查视力（4 岁以上幼儿）、听力，检测血红蛋白或血常规。

3 岁以上幼儿每年 5～6 月份进行 1 次大体检，11～12 月份进行一次身高、体重、口腔检查的小体检。体检后幼儿园应当及时向家长反馈每次体检的结果（表3-1）。对于体检中发现的体弱儿应及时进行指导、转诊、治疗，登记管理。

离园幼儿返园时检查要求：

①在园幼儿凡离园 3 个月以上者，返园时必须按照入园检查项目进行入园体检检查；

②对特殊情况，如短期赴外埠、出境、有传染病接触史等按卫生行政部门公布的疫情或《中华人民共和国国境卫生检疫法》接受相关部门的检查及相应传染病的检疫，保健医进行询问并加强晨检，必要时进行检查与检疫；

③对患有传染病的幼儿，要求其在区（县）保健科开具痊愈复课证明后返园。

转园幼儿检查要求：

①转园幼儿持原托幼机构提供的"儿童转园健康证明"可直接转园，不需要重新体验；

②"儿童转园健康证明"自离园之日起未出本市且无传染病接触者，3 个月内转园有效。

表 3-1　幼儿体检结果班级反馈幼儿名单

序号	姓名	关注类型
1		
2		
3		
4		
5		

3. 日常健康管理

幼儿晨、午、晚检及全日健康观察是为了了解在园生活幼儿的身体健康状况，及早发现异常，针对具体情况及时采取措施，以保证在园幼儿的健康。

检查工作可根据本园实际情况，采取保健医检查、班上教师检查或两者相结合的方式。日托园在幼儿入园时、午睡后对幼儿进行健康观察。全托园在晨检时、午睡后、晚间对幼儿进行健康观察。不论选择哪种方式，均由保健医负责巡诊，发现问题及时处理。检查内容包括询问幼儿在家有无异常情况，观察精神状况、有无发热和皮肤异常，检查有无携带不安全物品等，发现问题及时处理。

应当对幼儿进行全日健康观察，内容包括饮食、睡眠、大小便、精神状况、情绪、行为等，并做好观察及处理记录。发现患病、疑似传染病幼儿应当尽快隔离并与家长联系，及时送医院诊治，并追访诊治结果。患病幼儿应当离园休息治疗。如果接受家长委托喂药，应当做好药品交接和登记，并请家长签字确认。

对在园幼儿检查及全日健康观察中发现的异常情况由检查者负责登记，保健医登记在晨午检及全日健康观察记录登记册上。班上教师登记在交接班登记册上。（详见第三章第十节卫生保健管理工作记录）

（二）工作人员健康检查

为了幼儿健康，避免成人将疾病传染给幼儿，看护幼儿的工作人员也应进行健康检查，持证上岗，持证率达 100%。

1. 上岗前健康检查

工作人员上岗前必须按照《托儿所幼儿园卫生保健管理办法》的规定，经县级以上人民政府卫生行政部门指定的医疗卫生机构[所在区（县）的妇幼保健院]进行健康检查，取得"托幼机构工作人员健康合格证"后方可上岗。

精神病患者或者有精神病史者不得在托幼机构工作。

食堂人员还要取得所在区县的"北京市公共卫生从业人员健康检查证明""北京市公共卫生从业人员健康培训合格证"。

2. 定期健康检查

在岗工作人员必须按照《托儿所幼儿园卫生保健管理办法》规定的指定医疗卫生机构[所在区（县）的妇幼保健院]的项目每年进行一次健康检查，取得"托幼机构工作人员健康检查表"方可上岗。体检过程中发现异常者，由体检的医疗卫生机构通知托幼机构的患病工作人员到相关专科进行复查和确诊，并追访诊治结果。凡体检未通过者须离岗，治愈后须持县级以上人民政府卫生行政部门指定的医疗卫生机构出具的诊断证明，并取得"托幼机构工作人员健康合格证"后，方可回园工作。

食堂人员还要参加两年一次的所在区（县）公共卫生从业人员健康培训，并取得培训证明。

3. 工作人员检出疾病的管理

既往患有或现患有精神病者，应要求立即离岗，同时不签发工作人员"托儿所、幼儿园工作人员健康证明书"，做好记录。

患有传染性疾病，治愈后，取得"托儿所、幼儿园工作人员健康证明书"方可返岗工作。

三、健康检查结果的统计与分析

一是对幼儿入托体检进行检查、核实，统计新生中患常见病的幼儿，及时进行管理。对定期体检的数据进行分析：可以从统计表中营养不良性疾病、超重或肥胖儿童、体格发育增长情况、五官保健等异常情况的检查率入手，根据全园整体情况，分班级、分年龄、分性别，与去年同期数据对比，配以表格或图形帮助理解。对于患病幼儿及时通知家长进行监测、转诊治疗等。对在职教职工的健康体检进行定期监督管理。

二是汇总年体检结果，上报区（县）妇幼保健院或社区卫生服务中心。

三是确保资料的完整保存，以掌握园内幼儿的发育情况和教职工的健康情况，杜绝传染病在园内传播。

🌿 案例　体检分析总结

××幼儿园××年××月幼儿大体检总结

保健医：×××

××年全园幼儿大体检已全部完成，体检结果分析如下。

全园应测人数345人，实测人数342人，检查率达到了99.1%，增长率达到了100%，增长合格率达到了93.4%。

营养不良幼儿2人，营养不良率0.58%；发育迟缓幼儿2人，发育迟缓率0.58%；无贫血幼儿。

超重儿58人，肥胖儿14人，肥胖儿患病率4.09%。

五官保健：新龋率24.6%，患龋率44.4%，龋齿矫治率71.1%；听力全部通过；视力低常率6.0%，矫治率100%。

年份	检查率（%）	增长合格率（%）	肥胖儿患病率（%）	营养不良率（%）	新龋率（%）	患龋率（%）	视力低常率（%）
××年	99.1	93.4	4.09	0.58	24.6	44.4	6.0

组别	增长率（%）	增长合格率（%）
3 岁组	100.0	100.0
4 岁组	100.0	90.2
5 岁组	100.0	94.4
6 岁组	100.0	94.1
全园	100.0	93.4

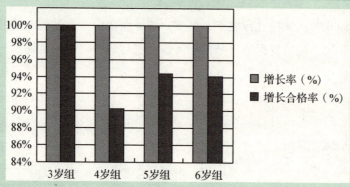

一、具体分析

增长合格率是反映幼儿生长发育状况的指标，为体弱儿建档，按照体弱儿管理常规管理，将生长发育不合格幼儿、体弱儿信息反馈给班级教师及家长。这些幼儿身体健康，未患病，户外活动情况良好，主要集中在大班，考虑到大班饮食常规培养和一些幼儿挑食的情况，需要加强幼儿的进餐和生活护理，增强幼儿体质。

二、超重及肥胖儿

对肥胖儿进行专案管理，管理率达 100％。在肥胖儿的管理中，我们将肥胖儿管理常规方案纳入日常卫生保健的常规工作中，每天由教师对本班内的肥胖儿进行饮食、户外活动的观察记录，每月对肥胖儿进行身高、体重的测量，每 3 个月对其进行一次肥胖度测量及个人分析并及时反馈家长，让家长了解幼儿的生长发育状况。本学期有肥胖儿 14 名，配合幼儿园合理控制体重的有 12 名，管理有效（包括肥胖度下降及肥胖度增幅不到 5％的幼儿）6 名，管理无效 6 名，结案（3 名管理有效，3 名管理无效幼儿毕业，3 名不配合幼儿毕业）9 名，剩余管理 6 名。管理有效率低于往年，下学期应加强对肥胖儿户外活动锻炼及家庭行为的监督调查，促进幼儿身心健康成长。

管理有效率＝（管理有效人数/管理人数）×100％＝（6/12）×100％＝50％。

以下是 2014 年、2015 年肥胖儿患病率的比较情况。

年份	超重率（%）	肥胖儿患病率（%）
2014 年	10.9	3.86
2015 年	17.0	4.09

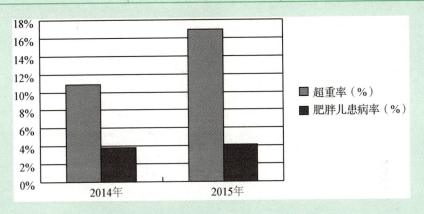

组别	肥胖儿患病率（%）	营养不良率（%）
3 岁组	0.0	0.0
4 岁组	1.18	0.0
5 岁组	1.47	0.29
6 岁组	1.47	0.29
全园	4.09	0.58

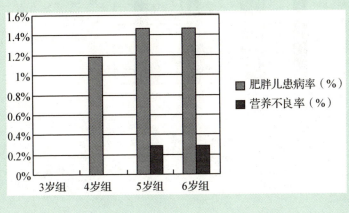

三、五官保健

(一)龋齿

龋齿的新龋率在正常范围内。原因：①领导的重视，全体教师的努力；②加大了宣传力度，提倡早晚刷牙；③幼儿饭后漱口；④氟化物防龋每年两次；⑤每学期每班至少开展一次口腔健康教育课程。以上措施使我园幼儿的新龋率维持在一个较平稳的状态。但在年龄组分析中，可以看出，新龋发生率小年龄组高于大年龄组，所以要加大小年龄组幼儿及其家长的口腔健康教育力度，保证护牙措施的落实。虽然新龋率在正常值范围内，但是接近上限，所以在下一学年，保健医要监督和参与班级的健康课程，并跟踪上课效果。

组别	新龋率(%)	患龋率(%)	视力低常率(%)
3岁组	0.0	31.0	0.0
4岁组	42.2	50.0	8.5
5岁组	27.4	47.7	3.7
6岁组	6.9	40.7	5.1
全园	24.6	44.4	6.0

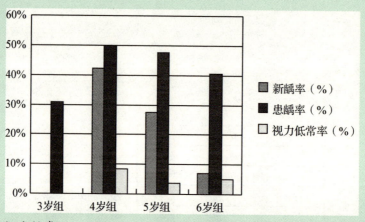

(二)视力低常

以下是2014年、2015年视力低常率的比较情况。

年份	视力低常率(%)
2014年	4.5
2015年	6.0

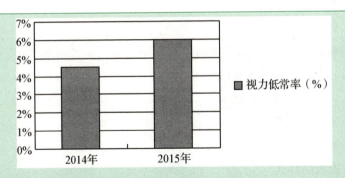

2015 年本园视力低常率虽然低于区里视力低常率，但比去年高 1.5％。及时将结果反馈给家长，让家长带幼儿到医院做进一步检查，反馈回来后以弱视、散光加远视为主。幼儿班级应加强用眼卫生教育，同时加大家长对幼儿眼保护的重视，尤其现代社会，电子产品较多，要求家长监督控制幼儿对电子产品的使用时间。对于视力不良的幼儿在园内生活上多给予照顾，让视力不良幼儿能同其他小朋友一样生活、学习，希望幼儿拥有明亮的眼睛。

2015 年幼儿大体检的全国各项指标达一级一类要求。将幼儿体检结果反馈给家长，对于体检结果异常(营养不良、肥胖、龋齿、视力异常)的幼儿都以家长一封信的形式，把幼儿体检情况发给幼儿家长，争取家长的积极配合，及时矫治，促进幼儿的健康成长。

××幼儿园××年××月幼儿小体检小结

保健医：×××

小体检无对比指标。在此次体检中，全国在册人数 342 人，实测 319 人，检查率 93.3％。

营养不良：营养不良患病率 0.63％，其中发育迟缓患病率 0.63％。

超重 25 人，肥胖 10 人，肥胖患病率 3.13％。

五官保健：患龋率 41.1％。

一、具体分析

小体检安排在 12 月，天气寒冷，一些生病幼儿不来园，致使体检率为 93.3％。

二、体弱儿

有 2 名体弱儿。1 名为新生来园时比较矮小后发展为发育迟缓。另 1 名幼儿新生来园时就已诊断为体格发育迟缓，体检后将体检结果反馈给家长和班级教师，使他们及时了解幼儿生长状况。幼儿身体状况目前很好，未患有疾病。在园所内加强饮食、营养、生活护理，继续观察幼儿生长发育，及时将幼儿情况反馈给家长，以便家长带幼儿到医院进一步检查。

三、超重及肥胖儿

此次体检超重及肥胖儿较去年小体检人数减少。

对超重儿按照我园超重儿管理方案进行管理，召开家长会，监督管理饮食、户外锻炼，使幼儿不要发展为肥胖儿。

对肥胖儿按照我园肥胖儿管理方案进行管理。有的班级开设相关内容的主题活动，让幼儿参与到有关饮食的健康观念养成当中；请社区保健科医生来园为家长开展"均衡膳食　提高体质"的讲座，让家长了解到平衡膳食的重要性。教师对幼儿开展饮食行为观念的健康教育课程。教师要取得家长配合，同家长一道合理控制幼儿饮食，加强幼儿户外锻炼，共同干预幼儿体重，让幼儿在不影响其生长发育的基础上，体重不增或增幅不大，让其身心健康成长。

四、五官保健

此次口腔检查是保健医检查，人员不专业、查牙的设备不齐全，可能导致查验结果不够精确。由于是日托园，对幼儿早晚刷牙的情况无法监督，也可能影响幼儿龋齿的发生。措施：加强幼儿口腔卫生常规指导，如早晨来园后用盐水漱口、餐后用温开水认真有效地漱口 3 次。同时加强卫生宣传工作，向幼儿普及爱护牙齿的常识，运用主题活动、班级环境在日常生活中培养幼儿自我保护意识，并提高家长及幼儿爱护牙齿的良好意识。每学期联系牙防所为幼儿做氟泡沫防龋，在 10 月份对幼儿开展氟泡沫防龋、检查牙齿及龋齿矫治的宣传工作。全园 342 名幼儿，同意涂氟 296 人（免费、自愿），不同意及未交同意书弃权者共 46 人，参加率为 86.5%，个别幼儿因过敏、生病不能参加。

第二节　健康教育

一、健康教育的意义

根据卫生部《托儿所幼儿园卫生保健工作规范》与《北京市托儿所、幼儿园卫生保健工作常规》的要求，幼儿园开展健康教育是十分必要且重要的。只有充分重视并落实面向保教人员、监护者、幼儿的健康宣教，才能更好地实现健康教育意识与健康观念的传播、幼儿生活行为和日常生活环境的改善，对幼儿良好健康行为意识和习惯的培养也才能更有效地落实。

根据健康教育的对象不同，其管理与实施工作的重要意义可以概括为以下三个方面。

第一，健康教育的实施，为幼儿一生的健康奠定了良好基础，使幼儿的身心发展得到保障。幼儿机体的发育不够成熟，机能不够完善，抵抗疾病的能力较差，对环境的适应能力较弱，心理上的发育和发展很不成熟，身心基础都较为薄弱，很容易受到各种不良因素的影响。同时，幼儿的身心又正处于迅速发育和发展的重要时期，因此，关注和促进幼儿的身体健康和心理健康，是幼儿阶段保育和教育的首要任务。这不仅关系到幼儿当前的健康状况，对其未来发展和一生健康的积淀都会产生深远的影响。

第二，健康教育提升保教人员的健康教育意识与园所卫生保健工作质量。在园期间，保教人员是落实幼儿园卫生保健工作的主力军，因为保教人员是落实班级教育教学、幼儿一日生活管理与指导的直接人员，面向幼儿、面向家长。因此，保教人员的健康教育观念和卫生保健知识直接影响着园所卫生保健工作的质量。

随着幼儿园教师的不断更新，卫生保健工作质量的保证就更需要关注。对保教人员进行健康教育，让保教人员充分认识到卫生保健的重要意义和对于幼儿发展的价值，让他们从自己的岗位职责出发，树立保教并重、科学保教和健康保教的观念。

第三，健康教育的宣教，对儿童监护者树立正确的健康教育观念和加强家庭健康教育有着重要的推动作用。家庭是幼儿成长的第一教育环境，父母是孩子的第一教育者，家长的健康教育态度和对幼儿健康发展的观念直接影响着幼儿的态度，对幼儿是否能够形成良好的健康行为也有着重要的意义。因此，重视面向家庭的健康教育宣讲是非常有必要的。

二、健康教育的目标

《北京市托儿所、幼儿园卫生保健工作常规》中对此有明确的阐述。

第一，有计划地对儿童监护人传播健康知识，从而达到更新健康观念，改善幼儿生活环境，更好地实现家园共育，培养幼儿良好的健康习惯和行为。

第二，有计划地对保教人员和幼儿园相关工作人员宣教健康知识，规范人员的卫生保健工作行为，树立正确的健康观念和卫生保健意识，改善园所卫生保健环境，培养幼儿良好健康的行为。

第三，通过多种形式和教育途径，有效地对在园儿童开展全面、科学、适宜的健康教育内容，吻合《幼儿园教育指导纲要（试行）》及《3—6岁儿童学习与发展指南》精神。

三、健康教育的内容

根据时代发展，结合本园实际，明确健康教育目标，有计划地安排健康教育内容与实施计划。

健康教育的内容多种多样，如膳食营养、心理卫生、疾病预防、幼儿安全以及良好行为培养等。

注意收集健康教育效果的信息反馈，定期对健康教育的结果进行评价，如对幼儿健康行为进行评估，进行家长问卷调查等。

对健康教育的方式及内容进行登记，保留健康教育评估的原始资料并有分析报告。

四、健康教育的组织与管理

根据对象、时间、地点的不同，健康教育可采取诸多方式进行。例如，游戏、儿歌、角色表演，举办各种小讲座、座谈会、讨论会，面对面咨询指导、示教，通过群众性媒介（板报、宣传册、宣传画等）进行，家庭访问、家长信、幼儿园健康报，等等。

（一）以幼儿为对象

1. 园所落实健康教育课程的目标

《幼儿园教育指导纲要（试行）》中对幼儿园健康领域描述的目标是：

①身体健康，在集体生活中情绪安定、愉快；

②生活、卫生习惯良好，有基本的生活自理能力；

③知道必要的安全保健常识，学习保护自己；

④喜欢参加体育活动，动作协调、灵活。

从幼儿健康教育的目标可以看出幼儿在健康方面学习与发展的年龄特点。同时，在幼儿园卫生保健中，幼儿健康教育的落实在园所保教中一定是具有保教合一、保教并重的特点的。

2. 园所落实健康教育课程的主要内容

(1)情绪与适应

主要包括认识和理解他人的情绪；表达和调节自己的情绪；掌握表达情绪的方式和方法(语言的和非语言的，如神态、表情、动作等)。

(2)生活与卫生习惯

主要包括洗手、洗脸、刷牙的基本方法；穿脱衣服、鞋袜的正确方法；良好的进餐、饮水习惯；按时大小便；收拾整理自己的生活用品及用具的意识和方法；关心周围环境卫生。

(3)营养与饮食

主要包括情绪愉悦，愿意独立进餐；认识常见食物，平衡膳食，少吃零食，主动饮水；按时进餐，保持清洁，进餐习惯良好。

(4)安全与自护

主要包括日常生活中的安全与自护、游戏中的安全与自护、饮食方面的安全与自护、劳动中的安全与自护、紧急情况中的安全与自护等。

作为幼儿园这样一个具有特殊群体的机构，健康教育课程的管理与实施还应有当下非常需要格外关注的内容：幼儿性安全教育和幼儿饮食安全教育。

3. 健康教育课程组织与管理的途径

①在日常生活中进行指导。主要包括提出要求、建立常规；结合日常事件随机指导。

②通过其他的宣传媒介进行指导。主要包括展板、橱窗、墙饰、网站等。

③通过健康教学活动进行指导。比如，关于牙齿保护、爱吃蔬菜、逃生演习、生气怎么办等主题。

④通过家园合作进行指导。主要包括与家长沟通、交流；支持幼儿在家中的安全行为表现；面向家长进行讲座宣传等。

(二)以教职工为对象

可以说健康教育的落实是全园上下，卫生保健各相关岗位人员都需要关注、参与和学习的。除了幼儿是健康教育的主动学习者之外，园长、保健医、教师、厨房工作人员等都是健康教育中的学习者和宣教者。下面将从这几个主体出发阐述其在幼儿健康教育中的作用。

1. 园长

园长通过园所工作的制定与安排，将"健康第一"的理念落实到园所各项工作之中，带领园所对健康教育有充分的认识，从而更好地落实健康教育的目标。

同时，园长作为园所的引领者，对幼儿园健康教育课程的管理具有宏观管理责任。园长应关注师幼的身心健康，营造良好的人际氛围，同时为教师创造更多的参加健康教育培训学习的机会。

2. 保健医

保健医作为健康教育的重要宣教者、管理者和执行者有着极其重要的作用和地位。

首先，保健医直接参与健康计划的制订和管理。例如，针对本园幼儿的健康状况，制订相应的工作方案。

其次，保健医为教师提供专业上的支持和帮助。例如，保健医承担一定的健康教育教学或指导工作，如营养教育、安全教育等；同时对有特殊需求的幼儿提供指导和帮助。

再次，保健医在幼儿园这种特殊集体生活场所的卫生保健要求下，应在常见传染病高发期的前后，对在园保教人员等、幼儿及家长进行相应的重点宣教，积极开展传染病、常见病防治的健康教育，让不同的受教群体了解传染病防治的相关知识，形成积极正确的传染病防治意识和观念。

最后，保健医直接服务于家长，开展各项有针对性的幼儿健康教育家长指导和家庭指导。例如，保健室制定每月幼儿园健康报，更好地落实健康教育的宣教效果。

在健康教育过程中，活动记录与过程性资料的留存十分重要。表 3-2 为北京市××幼儿园健康教育活动记录表范例。

表 3-2 北京市××幼儿园健康教育活动记录表

活动时间		活动地点		组织部门	
活动主题					
参加对象 及人数				活动形式	
资料内容 及来源					
活动 小结					
现场 照片					

注：后附会议通知、签到表、讲义、下发的宣传资料等，作为完整资料存档。

3. 教师

教师作为一线保教工作者，是幼儿园健康教育的直接落实者。教师的健康教育意识和观念对于教育实效有直接影响。因此，每学期教师都应参加两次及以上的健康教育培训学习。培训内容主要涉及岗前卫生消毒、安全教育培训、意外伤害、疾病预防、口腔保健、膳食管理、肥胖儿管理等。

4. 其他卫生保健相关工作人员

主要是指厨房工作人员。该工作群体由于工作的特殊性对幼儿健康教育的要求也很高。因此，相关工作人员每月需要进行两次的幼儿健康教育培训，主要针对食品卫生、食品安全等方面的内容，确保在工作环节中能够有意识地加强卫生保障，维护幼儿的健康安全。

同时，做好岗前食品安全法律法规和儿童营养等专业知识培训，使工作人员形成科学健康的知识系统。

（三）以家长为对象

作为园所卫生保健的管理者，应当充分认识到：家长是幼儿的第一责任人，家长的教育义务责无旁贷。因此，健康教育之中必须涵盖针对家长健康教育的管理与实施内容。

幼儿园每学期面向家长，至少组织一次健康讲座，同时在日常生活中，教师与保健医可通过展板、宣传资料发放、讲座、亲子活动等不同形式对家长进行教育，提升家长对幼儿健康教育的理解和观念的更新。

可以说，家庭重不重视卫生保健工作也直接影响到园所卫生保健工作的开展。加强家长对幼儿园卫生保健工作的认识与重视，要幼儿园从上到下提高对卫生保健工作的重视程度。园长对卫生保健工作的重视程度直接决定了教师以及相关部门对卫生保健工作的重视程度，大家共同提高重视程度也有利于卫生保健部门有效地开展工作。在整个园所都提高重视的氛围下，家长自然而然也会提高卫生保健意识，能够重视幼儿园的卫生保健工作，并给予积极的配合，家庭和园所形成合力，共促幼儿健康成长。

幼儿园可以采取多种形式同家长联系，落实宣教实效，争取家长配合。例如，接送幼儿时向家长了解幼儿在家情况或向家长叙述幼儿在园情况；各班建立家园联系簿，保持幼儿园与家长的联系，各班教师对缺勤幼儿，要及时电话联系或探访；了解幼儿情况，设立家长园地，举办家长开放日活动；定期开办家长学校，举办育儿专题讲座，召开家长会，广泛听取家长意见；设立卫生保健宣传专栏，向家长介绍卫生保健工作；利用校园网向家长宣传卫生保健知识；利用社交软件，建立家园联系，时刻传播幼儿健康动态。

案例　每个孩子都是宝贝

幼儿园是孩子们的大家庭，大乐园。为了能够保证孩子们在集体中快乐地学习和生活，传染病的预防成了幼儿园卫生保健的一项重要工作。《3—6岁儿童学习与发展指南》健康领域中就提到"幼儿身心发育尚未成熟，需要成人的精心呵护和照顾"。如果幼儿园中发生传染病，很容易传播流行，威胁幼儿的健康，影响幼儿园的正常工作秩序。为此，我园始终对预防传染病工作常抓不懈，采取早预防、早发现、早隔离、早治疗的综合预防措施，消除传染病的传染源、切断传染途径，保护孩子们的健康。

案例情境

这天，在例行入园晨检中，保健医们打起了十二分的精神，因为正值手足口病的传染高发期。他们一边仔细检查每个孩子的小手和口腔，一边不时地询问家长孩子的前胸、后背、臀部、脚心等部位有没有异常情况。保健医发现一名小朋友口腔有一些异常，就建议孩子回家观察一下，没有问题再送孩子来园，并告诉了家长观察方法。但是爸爸说自己有事不能看护孩子。考虑到家长的实际情况，园里决定让孩子在保健室单独留观，既不影响家长的安排又便于观察孩子的情况。家长又对单独观察提出异议，觉得孩子没有手足口病症状，还是应该参加班级集体活动。于是，我们耐心告诉家长集体生活中传染病一旦流行，对全体幼儿健康的危害。家长还是不能理解，态度很不友善地坚持要送孩子进班。我们又从幼儿园的集体生活和在家单独看护的不同点上细致地给家长进行了分析。此时，家长虽然还不是很情愿但态度已经有所好转。我们又告诉家长，每个孩子不仅是家里的宝贝，也是幼儿园的宝贝，我们要对在园的每个孩子负责任。这位家长终于接受了园里的建议。在与这位家长沟通的过程中，一些家长也纷纷对园里的处置方式给予了理解和赞同，对园所高度负责的态度给予了肯定，并表示一定积极配合园所的工作。

（案例提供者　张琳）

案例分析

　　每个幼儿健康快乐地成长是每一位家长，也是我们的目标。幼儿园卫生保健工作正是做好幼儿园其他工作的基础和前提，是幼儿园工作的重中之重。由于幼儿正处于身体不断发育的阶段，各器官的生理功能尚不够完善，机体的免疫功能低下，在集居的环境下，幼儿相互接触密切，极易引起疾病传播和流行。因此，我们更要把握好每个环节，在与家长共同面对问题时，将家长作为重要的合作伙伴来看待。因为，不管是在家长眼里，还是在我们的心中，每个孩子都是宝贝。

（四）以社区为对象

　　幼儿园健康教育的组织与管理，除面向上述群体的工作外，还应关注以社区为对象的教育活动与形式。

　　幼儿园应着重利用周边的健康教育资源开展健康教育工作，如参观牙科诊所、消防中心，邀请牙医来园进行宣教讲座，邀请消防员来园进行安全教育普及等，这将对园所的健康教育效果有积极提升作用。

第三节　常见传染病的预防与管理

一、传染病的概念及预防的重要性

传染病是由病原体引起的能在人与人、动物与动物或人与动物之间相互传播的疾病，它是许多种疾病的总称。

散发是病例之间无相关性，表现为分散状态。

暴发特指传染病的流行类型。如果在同一时间内某一个地方发现大量同一种传染病，则称为暴发或者流行。

由于幼儿对疾病的抵抗力弱，在集体生活中又接触密切，容易发生传染病的传播，而且可造成流行。因此，积极预防和管理传染病是幼儿园中一项重要的工作。

二、传染病的分类

《中华人民共和国传染病防治法》根据传染病的危害程度和应采取的监督、监测、管理措施，参照国际上统一分类标准，结合我国的实际情况，将全国发病率较高、流行面较大、危害严重的急性和慢性传染病列为法定管理的传染病，并根据其传播方式、速度及其对人类危害程度的不同，分为甲、乙、丙三类，实行分类管理。

甲类传染病是指鼠疫、霍乱。

乙类传染病是指传染性非典型肺炎、艾滋病、病毒性肝炎、脊髓灰质炎、人感染高致病性禽流感、麻疹、流行性出血热、狂犬病、流行性乙型脑炎、登革热、炭疽、细菌性和阿米巴性痢疾、肺结核、伤寒和副伤寒、流行性脑脊髓膜炎、百日咳、白喉、新生儿破伤风、猩红热、布鲁氏菌病、淋病、梅毒、钩端螺旋体病、血吸虫病、疟疾、甲型 H1N1 流感。

丙类传染病是指流行性感冒、流行性腮腺炎、风疹、急性出血性结膜炎、麻风病、流行性和地方性斑疹伤寒、黑热病、包虫病、丝虫病，以及除霍乱、细菌性和阿米巴性痢疾、伤寒和副伤寒以外的感染性腹泻病。

三、幼儿园传染病日常预防措施

托幼机构应当建立传染病预防的预案和制度。

入托前对幼儿进行计划免疫接种的查验工作。配合疾病预防控制机构做好托幼机构幼儿常规接种及应急接种工作。

严格执行国家传染病防治法要求，落实园内的各项卫生消毒制度、因病缺勤追访制度、晨午检制度等，保健医落实监督检查管理。幼儿不带病上学，教师不带病上岗工作。

卫生保健人员应当定期对教职工、幼儿及家长开展预防接种和传染病防治知识的健康教育，提高其防护能力和意识。

根据需要，来自疫区或有传染病接触史的幼儿，检疫期过后方可入园。

托幼机构内应当设立临时隔离室或隔离区域。临时隔离室内环境、物品应当便于实施随时性消毒与终末消毒，控制传染病在园内暴发和续发。

（一）做到六早

及时了解疫情，早预防、早发现、早报告、早诊断、早隔离、早治疗。

（二）把好三关

1. 晨午检

详见第三章第一节"日常健康管理"内容。对因病缺勤儿童要每日与家长联系，了解情况，以便采取相应措施。

2. 入园体检

详见第三章第一节"入园健康检查"内容。

3. 消毒

日常消毒，食堂卫生消毒、环境卫生消毒遵循相应卫生消毒制度。班级教师每日登记本班儿童的出勤情况。对因病缺勤的幼儿，应当了解幼儿的患病情况和可能的原因，对疑似患传染病的，要及时报告给保健医。保健医接到报告后应当及时追查幼儿的患病情况和可能的病因，以做到对传染病人的早发现。有传染病人发生，立即报告社区服务中心保健科并对患儿所在班级和污染场所进行及时彻底消毒，记录备案。

（三）抓好四个环节

1. 控制传染源

①对患传染病的幼儿及工作人员立即隔离。所在的班级要彻底消毒，患者痊愈后持医院诊断证明方可入园。

②对患传染病的幼儿班和与传染病接触者按各传染病规定的检疫期进行检疫观察，检疫期间不混班、不串班、不玩公共区域的玩具、不收新幼儿、不转入或转出幼儿，检疫期满后无症状者方可解除隔离。

③工作人员及幼儿在家中发生传染病时，应报告幼儿园保健医，以便采取必

要的检疫措施并及时记录。

④幼儿及工作人员入园进行全面体格检查，凡有传染病接触史或在传染病恢复期者暂不入园。

⑤管理疫源地，对病人的各种排泄物要随时进行清理消毒，对患儿居室要进行终末消毒。

2. 切断空气传播途径

①室内定时通风，保持空气新鲜。

②紫外灯进行空气消毒（遇传染病发生时则在潜伏期内连续消毒，每天 1 小时）。

③传染病流行季节不带幼儿去公共场所。

3. 切断消化道传播途径

①培养良好卫生习惯，饭前便后用洗手液流动水洗手。

②不吃生冷、腐败、变质、不清洁食物。

③消灭蚊、蝇、老鼠、蟑螂等媒介。

4. 保护易感人群

①对传染病密切接触者要进行追访，根据情况采取相应的措施。

②开展体格锻炼，增强体质。

③合理安排生活制度，加强营养，提高抗病能力。

④按季节和程序完成免疫接种，增强免疫力。如发生传染病，配合地段保健科完成应急接种。

◇ 四、发生传染病病例紧急控制措施

建立各种传染病应急防控方案，明确责任人及责任分工，落实防控及救治措施，控制疫情，防止扩散，做好追访、监控及善后工作，保证信息上报畅通。

对患儿采取有效的隔离控制措施，病愈后必须凭所在区（县）保健科出具的"复课证明"方可返园。必要时对发病幼儿班级进行隔离。检疫期间的班级，不办理入托和转园手续。

及时落实传染病报告制度，向上级相关部门（卫生部门、教育部门、政府部门）报告，并做好相应的登记等工作。

根据上级卫生部门指导，对发病班级及园所、患病幼儿接触物进行卫生消毒工作。消毒剂的比例按照疫情期比例进行配比。

做好传染病的宣教、公示等工作，避免因传染病造成教职工和家长的恐慌等。

对于有疫苗可以预防的传染病，根据上级卫生部门要求，对园内幼儿计划免疫查验，必要时对教职工也进行应急接种，部分疫苗除外，如流感疫苗、轮状病毒疫苗。

五、幼儿园常见传染病的防控要点

(一)幼儿园常见呼吸道传染病防控要点

天气许可时，勤开窗通风，所有窗户大开，每日通风不少于 2 次，每次通风不少于 30 分钟；如遇不良天气，每日可采取空气消毒机或紫外灯等进行空气消毒。对幼儿接触物品进行表面消毒。尽量少带幼儿到拥挤的公共场所，叮嘱幼儿注意个人卫生，如擦鼻涕后洗手、打喷嚏捂住口鼻、勤洗手和手帕等。避免幼儿接触带症状病人。

(二)幼儿园常见消化道传染病防控要点

防控肠道传染病关键是把好"病从口入"这一关，注意幼儿良好行为习惯的养成，如勤洗手等。注意幼儿饮食、饮用水卫生安全。防止环境中有害昆虫滋生，如苍蝇、蚊子等。病人呕吐物、排泄物用粉末状消毒剂覆盖消毒，再处理；被呕吐物、排泄物污染的衣物用消毒剂浸泡消毒后再进行处理。患病幼儿接触的物体表面也应进行擦拭消毒或紫外灯照射消毒。

六、幼儿园常见传染病的防控措施

(一)幼儿园常见传染病分类

呼吸道传染病：麻疹、猩红热、流行性腮腺炎、风疹、水痘、流行性感冒、集中发热。

消化道传染病：细菌性痢疾、手足口病、疱疹性咽峡炎、急性出血性结膜炎、诺如病毒感染性腹泻。

(二)幼儿园常见传染病介绍

1. 麻疹

麻疹是由麻疹病毒引起的急性传染病，传染性极强，多见于儿童。其临床特征为：发热、流鼻涕、咳嗽、眼结膜炎，出现特殊的科氏斑(又称麻疹黏膜斑)和广泛的皮肤斑丘疹。麻疹病毒主要通过空气飞沫直接传播，也可经被污染的生活用品，在短时间、短距离内传播，引起感染。

幼儿园出现该病后的控制措施如下。

(1)报告

出现 1 例麻疹病例后，及时上报。

（2）检疫

接触者观察 21 天。一旦发现幼儿发热，及早就诊，及早隔离，防止疫情扩散蔓延。

（3）隔离

隔离至疹退或出疹后 5 天。患儿在家隔离治疗，21 天病愈后持复课证明返园。

（4）应急接种

根据上级卫生部门要求，对园内幼儿计划免疫查验，教职工进行必要的应急接种，如园所所在小区内发生麻疹病例，幼儿园内幼儿、教职工也应进行应急接种。

2. 猩红热

猩红热的致病菌为 A 组乙型溶血性链球菌。病菌侵入人体后，其表面的纤丝和细胞壁分泌的脂性胞壁酸黏附在人体呼吸道上皮细胞表面，产生全身毒血症状及皮疹。猩红热主要通过空气飞沫传播，也可通过被污染的用具或食物传播，或生活密切接触传播。

幼儿园出现该病后的控制措施如下。

（1）报告

散发：出现 1 例（少于 3 例）猩红热病例。

暴发：出现 3 例/周/园猩红热病例。

（2）检疫

接触者观察 12 天，注意观察有无咽炎、扁桃体炎等嗓子痛的疑似患儿，发现后及时去医院诊断治疗。

（3）隔离

隔离 7 天至症状消失后，咽试培养连续 3 次阴性，解除隔离。患儿在家隔离治疗，21 天病愈后持复课证明返园。

3. 流行性腮腺炎

流行性腮腺炎简称腮腺炎或流腮，是儿童和青少年中常见的呼吸道传染病，由腮腺炎病毒引起。其临床特征为：腮腺肿胀；一般以耳垂为中心，向前、后、下发展，状如梨形，边缘不清；局部皮肤紧张，发亮但不发红，触之坚韧有弹性，有轻触痛；言语、咀嚼时刺激唾液分泌，导致疼痛加剧。流行性腮腺炎主要通过空气飞沫传播。

幼儿园出现该病后的控制措施如下。

(1)报告

散发：出现 1 例(少于 5 例)流行性腮腺炎病例。

暴发：出现 5 例/14 天/园流行性腮腺炎病例。

(2)检疫

接触者观察 21 天。

(3)隔离

隔离至腮腺肿胀完全消失为止，至少于发病后 10 天。患儿在家隔离治疗，21 天病愈后持复课证明返园。

(4)消毒

根据上级卫生部门指导，对发病班级及园所进行卫生消毒工作。

4. 风疹

风疹是由风疹病毒引起的一种常见的急性传染病，以低热、全身皮疹为特征，常伴有耳后、枕部淋巴结肿大。风疹主要通过飞沫经呼吸道传播。

幼儿园出现该病后的控制措施如下。

(1)报告

散发：出现 1 例(少于 5 例)风疹病例。

暴发：出现 5 例/14 天/园风疹病例。

(2)检疫

接触者不检疫。

(3)隔离

隔离至疹后 5 天。

5. 水痘

水痘是由水痘-带状疱疹病毒初次感染引起的急性传染病，传染率很高。其临床特征为：皮疹先发于头皮、躯干受压部分，呈向心性分布。水痘主要通过呼吸道、直接接触传播。

幼儿园出现该病后的控制措施如下。

(1)报告

散发：出现 1 例(少于 5 例)水痘病例。

暴发：出现 5 例/14 天/园水痘病例。

(2)检疫

接触者观察 21 天。

(3)隔离

隔离至脱痂为止，但不得少于发病后 14 天。患儿在家隔离治疗，21 天病愈后持复课证明返园。

6. 流行性感冒

流行性感冒是由流感病毒引起的急性呼吸道传染病，也是一种传染性强、传播速度快的疾病。其临床特征为：突起畏寒、高热、头痛、全身酸痛、疲弱乏力。流行性感冒主要通过空气飞沫直接传播为主，也可通过被病毒污染的物品间接传播。

幼儿园出现该病后的控制措施如下。

(1)报告

散发：出现少于 5 例或 5～9 例/2 天/班流感病例。

暴发：出现 10 例/2 天/班流感病例。

(2)检疫

接触者观察 3 天，出现发热等症状应早期隔离。

(3)隔离

患儿在家隔离治疗，退热后 48 小时无临床症状者持复课证明返园。

(4)计划免疫

流行性感冒流行前，加强宣传，建议符合接种条件者接种疫苗。

7. 集中发热

由于致热原的作用使体温调定点上移而引起的调节性体温升高（超过 37.5℃），称为发热。

幼儿园出现该病后的控制措施如下。

(1)报告

散发：出现 5 例/2 天/班发热病例。

聚集性病例：出现 10 例/2 天/班发热病例。

暴发：出现 10 例以上/2 天/班发热病例。

(2)检疫

接触者观察 3 天，出现发热等症状应早期隔离。

(3)隔离

患儿在家隔离治疗，退热后 48 小时无临床症状者可返园。

8. 细菌性痢疾

细菌性痢疾简称菌痢，是由痢疾杆菌引起的以腹泻为主要症状的肠道传染病。其临床特征为发热、腹痛、里急后重、大便脓血。细菌性痢疾主要通过粪—口途径传播。

幼儿园出现该病后的控制措施如下。

(1)报告

散发：出现少于 3 例细菌性痢疾病例。

聚集性病例：出现 3 例/3 天/班细菌性痢疾病例。

暴发：出现 10 例/3 天/园或者死亡 2 例细菌性痢疾病例。

(2)检疫

接触者观察 7 天。

(3)隔离

隔离至病程结束停药 5 天，或 2 次粪便培养阴性，可持复课证明返园。

9. 手足口病

手足口病是由多种肠道病毒引起的常见传染病，以婴幼儿发病为主。其临床特征为：大多数患者症状轻微，发热，手、足、口腔等部位发生皮疹或疱疹。手足口病主要通过患者的粪便、污染的食物而传播；直接接触患者穿破的水泡亦会传播病毒；患者咽喉分泌物及唾液中的病毒，可通过空气飞沫传播。患者的粪便在数周内仍具传染性。

幼儿园出现该病后的控制措施如下。

(1)报告

散发：出现 1～2 例手足口病例。

聚集性病例：出现 5 例/周/园手足口病例。

暴发：出现 10 例/周/园手足口病例，或出现 3 个 2 例/周/班手足口病例。

(2)检疫

接触者观察 7 天。

(3)隔离

隔离至自发病至病后 14 天，无症状后，持复课证明返园。

10. 疱疹性咽峡炎

疱疹性咽峡炎是由肠道病毒引起的疾病。其临床特征为：急起的发热和喉痛，在软腭的后部、咽、扁桃体等处可见红色的晕斑，周围有特征性的水疱疹或白色丘疹(淋巴结节)。大多数为轻型病例,有自限型(1~2周)。

疱疹性咽峡炎多见于3~10岁儿童,易发于夏秋季。同一患者可多次发生由不同型别病毒引起的病症。潜伏期3~10天。多以突发高热开始,24~48小时可达高峰,体温升至39℃~41℃,伴头痛、咽部不适、肌痛等,婴幼儿常有呕吐、拒食现象,甚而发生高热惊厥。

幼儿园出现该病后,同手足口病管理措施。

11. 急性出血性结膜炎

急性出血性结膜炎俗称"红眼病",又称流行性出血性结膜炎,是由微小核糖核酸病毒中的70型肠道病毒引起的一种暴发流行的自限性眼部传染性疾病,偶由A24型柯萨奇病毒引起。其临床特征为:患者迅速出现异物感、眼磨痛、流泪、畏光,以及水样分泌物增多。急性出血性结膜炎主要是通过与病人接触传染。

幼儿园出现该病后的控制措施如下。

(1)报告

散发:出现1例(少于5例)急性出血性结膜炎病例。

暴发:出现5例/14天/园急性出血性结膜炎病例。

(2)检疫

接触者观察14天。

(3)隔离

隔离至自发病之日起7~10天并无其他临床症状者持复课证明返园。

(4)消毒

患儿直接接触的物品,如毛巾、被褥等都应用消毒液浸泡或阳光暴晒等方式消毒。

12. 诺如病毒感染性腹泻

引起该病的诺如病毒是一种引起非细菌性急性胃肠炎的病毒。其临床特征为:腹泻、呕吐、恶心,或伴有发热、头痛等症状。诺如病毒感染性腹泻主要通过粪—口途径传播。

幼儿园出现该病后的控制措施如下。

(1)报告

散发:出现少于10例诺如病毒感染性腹泻病例。

暴发:出现10例以上诺如病毒感染性腹泻病例。

(2)检疫

接触者观察2天。

（3）隔离

隔离至无腹泻、呕吐等症状 3 天后。

七、幼儿园传染病的隔离要求

（一）患儿隔离

发现传染病后，应立即将患儿隔离，并通知家长。患儿所在班级要彻底消毒。患不同传染病的幼儿应分别隔离，以防交叉感染。患儿用过的餐具、毛巾、便盆等要随时消毒。其他用具也要专用并定期消毒。

（二）疑似患儿隔离

对疑似患传染病的幼儿也要隔离，但应与已经确认患传染病的幼儿分开。检疫期满后无症状者方可解除隔离。

（三）加强对发病班的隔离

根据传染病传播途径分类，经上级保健科指导对班级进行消毒处理。对发病班的其他幼儿(密切接触者)要注意观察体温、精神、食欲等情况。对离园一个月以上或离开本地返回的幼儿，应在家隔离一周后再来园。

八、计划免疫工作的管理

目的：通过对入园、在园幼儿进行预防接种的管理，可以为在园幼儿健康提供保障，有效控制传染病的发生和流行。

（一）托幼园所保健人员职责

负责新入园幼儿预防接种证的查验，并进行登记。

配合预防接种单位做好幼儿的预防接种、疫苗补种以及应急接种。

向幼儿家长发放疫苗常规接种、补种及应急接种通知单，定期开展疫苗接种和传染病防治知识的宣传。

及时报告托幼园所内传染病疫情，并协助卫生部门做好疫情的处理及其他防控措施。

（二）预防接种管理制度

做好基础计划免疫工作是预防传染病的基础。

对新入园幼儿，保健医查验预防接种证，并将疫苗接种记录填写在新入园幼儿免疫规划疫苗登记表上，掌握幼儿入园时的预防接种情况。

在查验中发现的未按照要求接种国家免疫规划疫苗的幼儿，到指定的社区服务中心保健科进行核查、补种。保健医将补种情况如实填写在登记表上。

在查验过程中，发现无预防接种证的幼儿，保健医应让幼儿家长带领幼儿到社区服务中心保健科进行补证。补证后，保健医查验其预防接种证，并将疫苗接种记录填写在登记表上。

做好预防接种的宣教工作：通过多种形式，定期向在园幼儿的家长进行按时预防接种的重要性的宣传和有关传染病知识的宣传，告知在园幼儿按时接种疫苗。

查验内容包括卡介苗、乙肝疫苗、脊灰疫苗、百白破疫苗、麻腮风疫苗、乙脑减毒活疫苗、A+C群流脑疫苗接种情况。查验疫苗种类随北京市免疫规划疫苗免疫程序改变而相应调整。

疫苗漏种判定标准：卡介苗接种不满1剂次、乙肝疫苗接种不满3剂次、脊灰疫苗接种不满3剂次、无细胞百白破疫苗接种不满4剂次、麻腮风疫苗接种不满1剂次、乙脑减毒活疫苗接种不满1剂次、A+C群流脑疫苗接种不满1剂次均视为漏种（疫苗判定标准随北京市免疫规划疫苗免疫程序改变而相应调整）。

当园内发生水痘、麻疹、风疹、流行性腮腺炎等传染病疫情时，保健医应填写传染病登记册，立刻向社区服务中心保健科报告。保健医根据预防接种单位确定的应急接种范围和人数，发放幼儿应急接种通知单，督促家长及时带幼儿到预防接种单位进行应急接种，协助预防接种单位做好幼儿园消毒处理及其他防病措施。

每年3月，保健人员配合医院保健科对外地流动幼儿进行查漏补种工作。

患传染病的幼儿隔离期满后，凭医院保健科复课证明方可返园。根据需要，来自疫区或有传染病接触史的幼儿，检疫期过后方可入园。

北京市免疫规划疫苗免疫程序见表3-3。

表3-3　北京市免疫规划疫苗免疫程序

年龄	卡介苗	乙肝疫苗	脊灰疫苗	无细胞百白破疫苗	麻疹疫苗	麻腮风疫苗	乙脑减毒活疫苗	流脑疫苗
出生	•	•						
1月龄		•						
2月龄			•					
3月龄			•	•				
4月龄			•	•				
5月龄				•				
6月龄		•						•
8月龄					•			
9月龄								•
1岁							•	

续表

年龄	卡介苗	乙肝疫苗	脊灰疫苗	无细胞百白破疫苗	麻疹疫苗	麻腮风疫苗	乙脑减毒活疫苗	流脑疫苗
1.5 岁				•		•		
2 岁							•	
3 岁								•（A＋C）
4 岁			•					
6 岁				•（白破）		•		

使用说明：

1. 此表用于每年 9 月查验新生 3 岁以前的疫苗是否已经打完。

2. 每月对老生的家长进行提示，告知家长幼儿还有哪些疫苗没打。

九、常见传染病的潜伏、隔离和检疫期限

常见传染病的潜伏、隔离和检疫期限见表 3-4。

表 3-4　常见传染病的潜伏、隔离和检疫期限

病名	潜伏期		患者隔离日期	接触者检疫日期
	常见	最短至最长		
风疹	18 天	14～21 天	一般不必隔离，必要时隔离至皮疹出后 5 天	不检疫
水痘	14～16 天	10～21 天	隔离至脱痂为止，但不得少于发病后 14 天	21 天
流行性腮腺炎	16～18 天	8～30 天	至腮腺肿胀完全消失为止，至少于发病后 10 天	21 天
病毒性肝炎（甲型）	30 天	14～45 天	自发病之日起 21 天	45 天
流行性乙型脑炎	10～14 天	4～21 天	隔离至体温正常为止	不检疫
流行性脑脊髓膜炎	2～3 天	1～7 天	临床症状消失后 3 天，但从发病日计算不得少于 7 天	7 天
细菌性痢疾	1～2 天	数小时至 7 天	隔离至病程结束停药 5 天，或 2 次粪便培养阴性	7 天
猩红热	2～4 天	1～7 天	症状消失后，咽试培养连续 3 次阴性，解除隔离，但自治疗起不少于 7 天	7～12 天
手足口病			隔离 14 天	7 天
发热（＞37.5℃）			至少体温正常 2 天后复课	3 天

使用说明：

1. 从病原体侵入人体起，至开始出现临床症状的时期，称为潜伏期。

2. 在恢复期，人体内可能还有残余的病原体未完全清除，患者仍具有传染性。

3. 法定传染病要持复课证明才可以入园。

十、常用表格范例

(一)幼儿园传染病公示栏

幼儿园传染病公示栏如表 3-5 所示。

表 3-5　幼儿园传染病公示栏

发病日期	班级	病例	诊断	隔离期	潜伏期	报告人	幼儿园知情日期	公示日期

(二)××教育系统疫情报告单

××教育系统疫情报告单如表 3-6 所示。

表 3-6　教育系统疫情报告单

单位(加盖公章):××幼儿园　　　　　　　上报时间:　　年　　月　　日　　时

发现日期		疫情监测报告人	
发现时间		报告人手机号	
疫情情况	患病学生人数:_____人		
	姓名: 性别: 年龄: 联系电话:		
	所在年级和班级:		
	发现形式:晨检(　)午检(　)家长报告(　)其他_____		
	主要症状:		
	确诊医院及诊断:		
	自发现确诊病例后一周内学校有无新发:有(　)无(　)		
处理情况			

单位负责人签字:　　　　　　　　　　　　　　联系电话:

注:发现疫情,请及时将此表报送××教委疫情监测及信息处理办公室(××中小学卫生保健所学校卫生科)。

（三）幼儿园因病缺勤记录表

幼儿园因病缺勤记录表如表 3-7 所示。

表 3-7　幼儿园因病缺勤记录表

班级　　　　　　　　　　　　　　　　　　　　　　　　　　　　　　　年

日期	姓名	性别	年龄	排查原因	主要症状	就诊医院	确诊疾病	与幼儿关系	登记人	备注

使用说明：

1. 此表只记录生病幼儿信息。

2. 教师应将幼儿主要症状、就诊医院、确诊疾病名称填写完整，排查幼儿病假原因。

3. "与幼儿关系"栏填写幼儿缺勤信息提供者与幼儿关系，如母子、父子、爷孙等。

十一、幼儿园传染病报告程序流程图

幼儿园传染病报告程序流程图如图 3-1 所示。

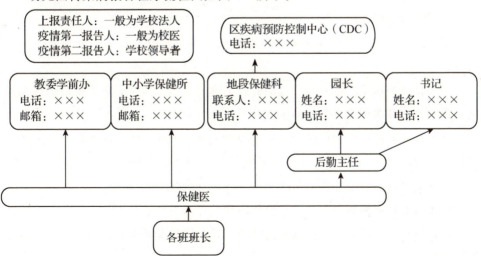

图 3-1　幼儿园传染病上报流程图

第四节　常见病预防与管理

幼儿期是生长发育的关键时期，但幼儿机体对外界环境的适应能力较弱，一些不良的饮食习惯和卫生习惯也容易导致幼儿营养性疾病和五官疾病的发生。这些疾病的发生不仅影响到幼儿的正常活动，还可能阻碍其正常的生长发育。因此，保健医应该掌握幼儿常见病的病因、症状、预防等基本知识，促进幼儿的健康生长。

一、五官保健的预防与管理

（一）眼保健管理

1. 眼保健管理的意义

眼睛是人体的重要器官，用眼过度，如看书、看电视、不正确的书写姿势等，都可能引起眼睛的疲劳以及全身疲乏。营养不良也可能使视力下降，对幼儿的生活质量造成影响，如活动反应不敏捷、学习成绩不好等。每年 6 月 6 日为全国爱眼日。应当注意早期发现视力异常的幼儿，及时进行矫治，降低幼儿弱视发生率，提高弱视治愈率。

2. 预防与管理内容

（1）预防保健措施

早期发现，及时就诊。幼儿应当定期接受视力筛查和评估，发现异常及时就诊。

培养良好的用眼卫生习惯，包括养成正确的看书、写字姿势，正确的握笔方法，在良好的照明环境下读书和游戏。

幼儿持续近距离注视的时间每次不宜超过 30 分钟，操作各种电子产品的时间每次不宜超过 20 分钟，每天累计时间建议不超过 1 小时。眼睛与各种电子产品荧光屏的距离一般为屏面对角线的 5～7 倍，屏面略低于眼高。

合理营养，平衡膳食。经常到户外活动，每天不少于 2 小时。

防止眼外伤。幼儿应当远离烟花爆竹、锐利器械及其他有害物质，不在具有危险的场所活动，防范宠物对眼的伤害。

预防传染性眼病。教育和督促幼儿经常洗手，不揉眼睛。注意隔离患有传染性眼病的幼儿，防止疾病传播蔓延。定期对玩具、毛巾等进行消毒，以预防传染性眼病的发生和流行。

（2）管理内容

每年对 4 岁以上幼儿进行视力检查，发现视力异常及时通知家长带领幼儿到正规医院进行进一步检查，并对其进行登记管理，每 3 个月复查一次视力并将测查结果记录在"视力矫治登记册"上。定期开展视力保护的宣教工作，对幼儿传授爱护眼睛的相关知识，在班级内张贴爱护眼睛的墙饰等。

（二）耳保健管理

1. 耳保健管理的意义

1～5 岁是幼儿学习语言的关键时期，听力障碍令幼儿无法获得正常语言刺激，引起语言障碍。科学研究显示，听力障碍幼儿的成绩较差，自我形象不佳，有脾气暴躁、精神不集中等心理问题，很容易将自己孤立起来，减少与人沟通及接触，因而阻碍正常的社交。每年的 3 月 3 日为全国爱耳日。应当注意早期发现听力障碍幼儿，早期诊断、治疗并进行听觉言语训练，帮助他们健康成长。

2. 预防与管理内容

（1）预防保健措施

按时进行免疫接种，预防脑膜炎、腮腺炎等传染性疾病。积极治疗中耳炎，避免头部外伤，慎用耳毒性药物，远离噪声环境。

定期开展听力保护的宣教工作，在日常一日生活中应关注幼儿生活环境中分贝过高的声音，以免引起听力减退。在设置区角时，音乐区不和图书区在一起。幼儿午睡时不要有过大的声音出现。

（2）管理内容

每年对在园幼儿以及新生进行听力筛查。检查中发现听力异常者及时通知家长带领幼儿到正规医院进行进一步检查。保健医对其进行登记管理，每半年监测 1 次，测查 2 次正常，转入正常管理。

听力筛查结束后，在规定时间内将结果录入北京市妇幼保健信息系统"婴幼儿及学龄前儿童听力筛查"模块中，定期进行数据的质量控制，按要求汇总上报。及时通知听力筛查未通过幼儿的家长持"北京市儿童听力筛查报告单"带幼儿转诊到六家听力障碍诊治机构进行听力诊断检测。

追访听力筛查未通过幼儿的听力诊断结果，并将诊断时间抄写在留存的幼儿听力筛查报告单背面。同时将追访过程及结果录入北京市妇幼保健信息系统"婴幼儿及学龄前儿童听力筛查追访"模块中。

(三)口腔保健管理

1. 口腔保健管理的意义

口腔健康是人体健康的重要组成部分。世界卫生组织曾指出，牙齿健康是指牙齿、牙周组织、口腔相邻部分及颌面部均无组织结构与功能异常；并制定出口腔健康标准，牙齿清洁，无龋洞，无疼痛感，牙龈颜色正常，无出血现象。由此可以看出，口腔健康是指具有良好的口腔卫生、健全的口腔功能及没有口腔疾病。我国政府对口腔保健问题也十分关注，将每年的 9 月 20 日定为全国爱牙日。乳牙的保护对恒牙的萌出有重要影响。若不注意保护乳牙，会直接影响将来恒牙的生长发育。龋齿对幼儿健康的影响很多，可影响生长发育，引起感染性疾病，引起根端肉芽肿、囊肿、牙髓感染，造成心理障碍、面部发育不对称、恒牙发育不良、颌面部畸形，助长口腔不良习惯等。所以，培养幼儿良好的口腔卫生习惯，预防龋齿，降低龋齿发生率，提高幼儿口腔健康水平非常重要。

2. 预防与管理内容

由专业口腔医生进行专科检查，每半年进行一次，无条件的单位由保健医进行目测检查并准确记录登记。对发现有龋齿等问题的幼儿进行登记管理，督促家长及时带领患病幼儿到医疗卫生机构进行诊断及矫治。

日常生活中培养幼儿良好的口腔卫生习惯，如早晚刷牙、饭后漱口；纠正不良口腔习惯，如吮指、吐舌、咬唇或咬物、口呼吸、偏侧咀嚼等引起各种牙颌面畸形的不良习惯。开展口腔卫生宣教，通过各种形式，开展对幼儿、家长及保教人员的口腔卫生教育活动。保证充足的户外活动时间，以促进幼儿机体维生素 D 的形成，保证钙的吸收。提供合理平衡的膳食，限制吃糖量和次数。幼儿食用甜食后应立即漱口或刷牙。局部用氟防龋。

二、幼儿常见病管理

(一)幼儿常见病管理的意义

幼儿园对幼儿常见病的管理，主要是对患病幼儿进行登记或专案管理，能对幼儿的患病原因给予分析，针对患病原因或根据专业医生的指导意见，在园内给予适当照顾，帮助其尽早康复，健康成长。

(二)管理范围与内容

幼儿常见病主要包括营养性缺铁性贫血、营养不良、先天性心脏病、癫痫、

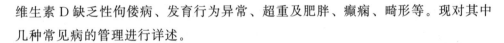

维生素 D 缺乏性佝偻病、发育行为异常、超重及肥胖、癫痫、畸形等。现对其中几种常见病的管理进行详述。

1. 营养性缺铁性贫血的管理

（1）营养性缺铁性贫血管理的意义

营养性缺铁性贫血危害幼儿健康。有数据显示，贫血的幼儿往往比同龄正常幼儿矮 2～10 厘米。通过体检及时发现幼儿是否患有营养性缺铁性贫血，通过配合医院治疗和对该病及时有效的管理，可促进营养性缺铁性贫血得到尽快纠正，保护幼儿健康。

（2）诊断标准

年龄在 6 岁以下（新生儿除外）幼儿血红蛋白浓度低于 11 克/分升，诊断为贫血。贫血分为三度：轻度贫血——9～<11 克/分升；中度贫血——6～<9 克/分升；重度贫血——<6 克/分升。

（3）管理内容与方法

对贫血患儿要进行登记管理，对中度及中度以上贫血的患儿建立专案进行管理。要有初诊、复查日期及每月医院检查血红蛋白测查结果报告单。一般情况下应在 3 个月内结案。在治疗上，配合医院医嘱给予适当护理与照顾。

2. 营养不良的管理

（1）营养不良管理的意义

营养不良是严重危害幼儿健康的常见病，对入园体检及定期体检中发现的营养不良的幼儿进行管理与治疗，以期在最短的时间内使幼儿生长恢复正常。

（2）诊断标准

目前对营养不良的诊断使用的是世界卫生组织（WHO）近年来推荐的指标，即按年龄别体重、年龄别身高和身高别体重三个指标进行全面评价。

按此指标营养不良可分为三类：

①低体重（年龄别体重评价为"下"），此指标主要反映幼儿急性或近期营养不良；

②生长迟缓（年龄别身高评价为"下"），此指标主要反映幼儿慢性长期营养不良；

③消瘦（身高别体重评价为"下"），此指标主要反映幼儿近期急性营养不良。

对营养不良的诊断遵循以下步骤。

①测量与记录：准确测量身高、体重，并记录测量值。身高测量结果以厘米

为单位，记录至 0.1 厘米；体重计的灵敏度为 50 克，测量结果以千克为单位，记录至 0.01 千克。

②计算幼儿年龄：准确计算幼儿实际年龄（岁、月）。

③与诊断标准对照：采用标准差法进行评估和分类，测量值低于中位数 2 个标准差分别有低体重、生长迟缓、消瘦。

（3）管理内容与方法

建立营养不良幼儿专案管理的档案，并将每个营养不良幼儿的情况反馈给家长，先让家长带幼儿到医院进行身体检查，排除疾病，再根据每个幼儿自身情况和医生指导意见，采取相应的治疗方法使幼儿体格生长恢复正常速度。每月定期对营养不良幼儿进行身高、体重的监测，并对其生长发育情况进行分析评价和反馈，让家长及时了解幼儿生长发育情况，便于配合医院治疗，直至该幼儿营养不良情况得以完全纠正为止。体重/年龄或身高/年龄或体重/身高≥M−2SD 即可结案。

3. 先天性心脏病的管理

（1）先天性心脏病管理的意义

先天性心脏病影响幼儿生长发育，加强对先天性心脏病幼儿的特殊照顾及护理，有利于控制并发症，改善幼儿健康状况。

（2）管理内容与方法

园内患有先天性心脏病的幼儿在实施手术根治前均作为管理对象，对其进行登记管理。加强生活各环节的护理：根据医生和家长要求适当安排其户外活动，根据幼儿的具体情况来决定活动量、活动强度及时间；天气变化时，随时增减衣服，减少呼吸道感染。根治手术后方可结案。

4. 癫痫的管理

（1）癫痫管理的意义

癫痫是一种由神经系统的神经元异常放电所引起的疾病。幼儿癫痫的症状与癫痫灶所处的部位有关。幼儿癫痫症状可能会根据年龄、环境的改变而改变。例如，有的癫痫幼儿起初是癫痫小发作，一定年龄后，一部分患儿的症状会消失，但是也有一部分患儿会转变为癫痫大发作。严重发作本身可影响智力发育。癫痫影响幼儿的健康，因此，癫痫幼儿在园内需得到特别的照顾和针对性的训练，使智力获得进步，生活能力得到提高。

（2）管理内容与方法

对具有癫痫病史的幼儿进行登记管理，合理安排生活。合理安排癫痫幼儿的

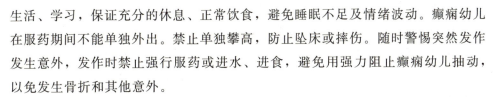

生活、学习，保证充分的休息、正常饮食，避免睡眠不足及情绪波动。癫痫幼儿在服药期间不能单独外出。禁止单独攀高，防止坠床或摔伤。随时警惕突然发作发生意外，发作时禁止强行服药或进水、进食，避免用强力阻止癫痫幼儿抽动，以免发生骨折和其他意外。

在一日生活中给予细心的照顾，从家长那细致了解癫痫幼儿以前的生活习惯及发作情况，发现异常及时报告保健医或联系家长，给予相应处理。当癫痫幼儿连续数次出现癫痫大发作，并且一直不能恢复神志时，应及时将其送到医院抢救，以免延误病情，发生意外。

5. 维生素 D 缺乏性佝偻病的管理

（1）维生素 D 缺乏性佝偻病管理的意义

了解园内幼儿维生素 D 缺乏性佝偻病患病情况，及时进行干预、指导及护理，使患儿尽早康复、健康成长。

（2）评估与分期

早期：

多见于 6 月龄内，特别是 3 月龄内的婴儿；可有多汗、易激怒、夜惊等非特异性神经精神症状，此期常无骨骼病变；血钙、血磷正常或稍低，碱性磷酸酶（AKP）正常或稍高，血 25-（OH）D 降低；骨 X 线片无异常或长骨干骺端临时钙化带模糊。

活动期：

①骨骼体征。小于 6 月龄婴儿可有颅骨软化；大于 6 月龄婴儿可见方颅、手（足）镯、肋骨串珠、肋软骨沟、鸡胸、O 形腿、X 形腿等。

②血生化。血钙正常低值或降低，血磷明显下降，血 AKP 增高，血 25-（OH）D显著降低。

③骨 X 线片。长骨干骺端临时钙化带消失，干骺端增高，呈毛刷状或杯口状，骨骺软骨盘加宽大于 2 毫米。

恢复期：

①症状体征。早期或活动期幼儿可经日光照射或治疗后逐渐减轻或消失。

②血生化。血钙、血磷、AKP、25-（OH）D 逐渐恢复正常。

③骨 X 线片。长骨干骺端临时钙化带重现、增高、密度增加，骨骺软骨盘小于 2 毫米。

后遗症期:

严重佝偻病治愈后遗留不同程度的骨骼畸形。

(3)查找原因

围生期储存不足:孕妇和乳母维生素 D 不足、早产、双胎或多胎。

日光照射不足:室外活动少、高层建筑物阻挡、大气污染(如烟雾和尘埃)、冬季、高纬度(黄河以北)地区。

生长过快:生长发育速度过快的婴幼儿维生素 D 相对不足。

疾病:反复呼吸道感染、慢性消化道疾病、肝肾疾病。

(4)干预

①维生素 D 治疗。

活动期患儿建议口服维生素 D 治疗,800 国际单位/天连服 3~4 个月或 2000~4000 国际单位/天连服一个月,之后改为 400 国际单位/天。口服困难或因腹泻等影响吸收时,可采用大剂量突击疗法,一次性肌注维生素 D 15 万~30 万国际单位。若治疗后上述指征改善,1~3 个月后口服维生素 D 400 国际单位/天维持。大剂量治疗中应监测血生化指标,避免高钙血症、高钙尿症。

②其他治疗。

户外活动:在日光充足、温度适宜时每天活动 1~2 小时,充分暴露皮肤。

钙剂补充:乳类是钙营养的优质来源。膳食中钙摄入不足者,可适当补充钙剂。

加强营养:应注意多种营养素的补充。

(5)管理内容与方法

①对新入园(所)和定期健康检查中发现的维生素 D 缺乏性佝偻病幼儿均应在"体弱儿及肥胖儿登记册"上登记,活动期患儿应进行专案管理记录。

②随访:活动期患儿每月复查 1 次,恢复期患儿 2 个月复查 1 次,至痊愈。

③转诊:弱活动期患儿经维生素 D 治疗 1 个月后症状、体征、实验室检查无改善,应考虑其他非维生素 D 缺乏性佝偻病(如肾性骨营养障碍、肾小管性酸中毒、低血磷抗维生素 D 性佝偻病、范可尼综合征),内分泌,骨代谢性疾病(如甲状腺功能减低、软骨发育不全、黏多糖病)等,应转上级妇幼保健机构或专科门诊明确诊断。

④结案:活动期患儿症状消失 1~3 个月,体征减轻或恢复正常后观察 2~3 个月无变化者,即可结案。

（6）预防

保健人员应对园（所）内 3 岁以下幼儿采取综合预防措施。

①户外活动：婴幼儿适当进行户外活动接受日光照射，每天 1～2 小时，尽量暴露身体部位。

②维生素 D 补充：婴儿（尤其是纯母乳喂养儿）生后数天开始补充维生素 D 400 国际单位/天。

6. 发育行为异常的管理

（1）发育行为异常管理的意义

定期对幼儿进行心理行为发育评估，及时掌握不同年龄幼儿的心理行为发育状况，早期发现幼儿发育行为问题，以营造良好发育环境，科学促进幼儿健康发展，减少残疾发生。

（2）管理内容与方法

筛查时间：

幼儿定期健康检查时，3 岁以下每半年一次，3 岁以上每年一次。

筛查内容：

①发育筛查。每年定期健康检查期间，托幼机构采用"儿童心理行为发育问题预警征象"按年龄阶段进行发育筛查。班级教师按照筛查内容对班上幼儿进行观察，必要时需询问家长幼儿在家表现，由保健医将筛查情况记录在"北京市儿童保健记录"健康检查记录表的"预警征象"栏中。

②发育行为异常筛查。托幼机构保健医或班级教师发现幼儿在园期间有可疑心理行为异常表现，如吸吮行为、咬指（趾）甲、饮食行为问题、睡眠问题、遗尿、异食癖、口吃、过度依赖、退缩行为、屏气发作、暴怒发作、习惯性摩擦综合征等表现时，由保健医将筛查情况记录在"北京市儿童保健记录"健康检查记录表的"心理行为问题"栏中。

管理：

①转诊。如果发现幼儿有任何一条预警征象阳性，或者幼儿在日常活动中有可疑心理行为异常表现，转诊至上级妇幼保健机构进行诊断、干预。

②追访。转诊后三个月内进行追访，追踪转诊情况及诊断结果，并补充填写在"体弱儿及肥胖儿登记册"上。

③护理。根据幼儿不同神经心理行为发育问题，进行有针对性的生活护理。

7. 超重及肥胖的管理

(1)超重及肥胖管理的意义

肥胖是指体内脂肪堆积过多和(或)分布异常、体重增加，是包括遗传和环境因素在内的多种因素相互作用所引起的慢性代谢性疾病。幼儿单纯性肥胖不仅是一个严重的健康问题，而且是一个潜在的社会问题。遗传和环境是导致幼儿肥胖的两大因素。幼儿期肥胖影响儿童生理及心理的正常生长发育，同时与成人期的多种心血管病、2 型糖尿病、睡眠呼吸暂停综合征、胆囊炎、胆结石等疾病有关，对幼儿心理和情感上的损害也正日益引起人们的重视。这些损害表现在肥胖儿自信心不足、有自卑感、伙伴关系不良、受歧视、自我评价差等，对肥胖儿的打击很大。故应加以重视，早期干预，预防幼儿肥胖的发生。在幼儿园期间，也应将超重儿纳入管理范围内，不让其发展为肥胖儿。

(2)诊断标准

超重：M+2SD＞体重/身长(身高)≥M+1SD，或 M+2SD＞体质指数/年龄(BMI)/年龄≥M+1SD。

肥胖：体重/身长(身高)≥M+2SD，或 BMI/年龄≥M+2SD。

其中，$BMI = \dfrac{体重(千克)}{[身高(米)]^2}$。

(3)管理内容与方法

建立专案：建立肥胖儿管理方案，肥胖儿在儿童保健记录册上进行专案管理，并在登记册上进行登记。

定期监测：对筛查出的所有超重儿、肥胖儿采用体重/身高曲线图或 BMI 曲线图进行生长监测。重点监测体重增长幅度。每月测量身高、体重 1 次，监测体格生长情况。

查找原因：过度喂养和进食，膳食结构不合理；运动量不足及行为偏差；内分泌、遗传代谢性疾病。

对怀疑有病理性因素、存在并发症或经过干预肥胖程度持续增加的肥胖儿，转诊至上级妇幼保健机构或专科门诊进一步诊治。

干预：对教职工、幼儿、家长进行宣教，给予家长正确的、科学的育儿知识；使家长重视肥胖的危害性，能够积极配合对肥胖儿饮食起居的调整；引导幼儿建立健康、正常的饮食和行为习惯。

结案：幼儿的身高、体重标准值正常后继续维持 3 个月方可结案；幼儿不良行为改变或肥胖程度在半年内不上升，为管理有效。

三、常用表格范例

常用表格范例见表 3-8 至表 3-11。

表 3-8　××幼儿园特殊幼儿户外运动量监测表

班级：　　　　　姓名：　　　　　　　　　　所属分类：肥胖、消瘦、低体重、生长迟缓

内容\n时间	运动项目	持续时间	活动中															活动后									带班教师
			面色		汗量			呼吸		动作			注意力		情绪		食欲			睡眠			精神状态			
			稍红	相当红	十分红或苍白	不多	中等（躯干）	大量出汗	中速较快	显著加快	呼吸急、浅	动作准确	动作摇摆不定	动作失调、颤抖	集中	能集中但不稳定	注意力分散	愉快	略有倦意	精力疲惫	良好、略有增加	略有下降	恶心、呕吐	良好、入睡快	入睡较慢	很难入睡	爽快、情绪好	略有疲惫	精神恍惚	

使用说明：

1. 每个幼儿独立使用 1 张表。

2. 运动项目主要指跑、跳、爬、拍球等活动。

3. 每次运动时间不少于 20 分钟。

表 3-9　××幼儿园特殊幼儿饮食观察表

班级：　　　　　姓名：　　　　　　　　　　所属分类：肥胖、消瘦、低体重、生长迟缓

日期	餐点	食量			进食速度			肉食			带班教师
		多	中	少	快	中	慢	多	中	少	

使用说明：

每日记录以中餐为主。当日未出勤，记录为"未出勤"。

表 3-10　××幼儿园幼儿家庭情况记录表

班级：　　　　　姓名：　　　　　　　　　　　　　　年　　月

内容＼日期		1	2	3	4	5	6	7	8	9	10	11	12	13	14	15	16	17	18	19	20	21	22	23	24	25	26	27	28	29	30	31
饮食	放学后在家没吃正餐																																
	不喝饮料																																
	不吃或少吃甜食、零食																																
	不吃油炸食品																																
运动	放学后家长陪同运动大于30分钟																																
	假期锻炼大于2小时（跑、跳绳、爬楼梯等）																																
行为	吃饭细嚼慢咽																																
	看电视少于30分钟																																
	睡前不加餐																																

使用说明：

请家长每天记录。做到了，在表格内画"√"。

表 3-11　佝偻病患儿专案管理记录

患儿出生日期：＿＿＿年＿＿＿月＿＿＿日　　开始管理日期：＿＿＿年＿＿＿月＿＿＿日				
母乳期和哺乳期：□未补充维生素D　　　□日照不足　　　□下肢痉挛				
幼儿服用维生素D：□无　　□有　　（开始服用维生素D年龄：＿＿＿月＿＿＿天 药品名：＿＿＿＿＿＿　剂量：＿＿＿＿＿国际单位/天）				
幼儿既往患病情况：＿＿＿＿＿＿＿＿＿＿＿＿＿＿＿＿＿＿＿＿＿＿＿＿＿＿＿＿				
检查日期				
年龄				
方颅				
肋骨串珠				

	肋软骨沟					
	鸡/漏斗胸					
	手/足镯					
	O/X 腿					
	其他					
辅助检查	血生化	血钙值				
		血磷值				
		血碱性磷酸酶值				
		血 25-(OH)D 值				
	骨 X 线片结果					
	户外活动时间(小时/日)					
	存在问题					
	维生素 D 治疗(品名、剂量)					
	指导					
	医师签名					

转归：□痊愈　□好转　□未愈　□失访　　　　结案日期：＿＿＿年＿＿＿月＿＿＿日

第五节　幼儿体格锻炼的管理与指导

　　幼儿体格锻炼是建立在"人"的特性基础之上，以丰富多彩的形式开展的，是学龄前儿童身体健康和正常生长发育的重要保障。在幼儿园中，教师悉心照顾幼儿，并有目的、有计划地指导幼儿发展动作，使其掌握一定的动作技能，增强体质，从而使幼儿身心得以和谐发展，是幼儿体格锻炼的核心。

一、幼儿体格锻炼的重要性

　　体格锻炼是不断完善身体机能的过程，此过程可以促进人的身体健康发展。幼儿阶段是身体发展和机能发展极为迅速的时期，对于幼儿来说，发育良好的身体、强健的体质、协调的动作是其他领域学习与发展的基础。而且，体格锻炼还是促进幼儿认知、个性与社会性发展的重要途径，也是幼儿后续学习、终身发展的重要保障。

在幼儿园工作中，教师有目的、有计划地指导幼儿的体格锻炼，促进幼儿增强体质，是幼儿园工作的重要部分。对此，《幼儿园教育指导纲要（试行）》与《3—6岁儿童学习与发展指南》都提出了明确的要求，在《3—6岁儿童学习与发展指南》开篇的"说明"中，就明确指出，《3—6岁儿童学习与发展指南》"以为幼儿后续学习和终身发展奠定良好素质基础为目标，以促进幼儿体、智、德、美各方面的协调发展为核心⋯⋯"足见，体格锻炼在幼儿园工作中十分重要。

二、幼儿体格锻炼的目标与原则

（一）幼儿体格锻炼的目标

总体来说，幼儿体格锻炼应该实现以下三个层面的目标：第一，激发和培养幼儿参与体育活动的兴趣与习惯；第二，促进幼儿身体素质和基本活动能力的协调发展，增强体质；第三，以体育活动为手段或途径，促使幼儿情绪、认知、社会性、个性等方面的健康发展。

幼儿体格发展因为年龄不同其侧重点不同，每个年龄阶段都有其特殊性。所以，具体到不同年龄、不同形式的体格锻炼，其活动目标的制定可以参照《3—6岁儿童学习与发展指南》《幼儿园教育指导纲要（试行）》健康领域幼儿发展的标准以及《国民体质测定标准手册（幼儿部分）》中的要求，围绕目标组织具有针对性、趣味性、游戏性的活动，促进幼儿健康发展。

（二）幼儿体格锻炼的原则

任何形式的体格锻炼都应该遵从最基本的原则，只有这样，才能实现"促进幼儿身体健康发展，为全面发展、终身发展奠定基础"的目的。综合来说，幼儿体格锻炼需要遵守以下三个原则。

1. 循序渐进原则

教师要根据幼儿年龄的特征合理安排活动内容、方法和运动量，无论是从幼儿整体发展水平来看，还是具体到每一个活动，都要遵从由易到难、由简到繁、运动量由小到大逐步提高的原则，以循序渐进的方式，让幼儿在各种经验、能力发展和身体适应性的基础上提升自身素质。

2. 多感官综合运用原则

幼儿体格锻炼对于幼儿感知觉能力的发展起着重要的作用，同时各种感官的共同参与对幼儿更好地掌握动作、提高理解能力、提升运动兴趣都有着极大的作用。在活动中，应给幼儿运用视觉、听觉、触觉、肌肉感觉的支持与引导，这样更能激发幼儿体格锻炼的兴趣，促进其身体发展。

3. 合理运动量原则

幼儿时期自我机体感知能力较弱，运动量较小，达不到锻炼的目的，运动量过大，则会对幼儿的身体造成伤害，因此，教师在组织幼儿体格锻炼的过程中，要对体格锻炼的时间、强度、次数等合理安排，在活动中应关注幼儿身体的各种变化，及时调整。

三、幼儿体格锻炼的形式

幼儿园开展体格锻炼的活动很多，形式多样，每种形式都有适宜不同幼儿的内容与独特的功能，下面分别介绍。

（一）体操

体操是幼儿园体育活动的一种组织形式，它是在教师的带领下，幼儿以做基本体操为主的一种集体运动，以全面锻炼身体、振奋精神为目的。从形式上讲，一般包括徒手操和轻器械操；从流程上来说，一般包括热身运动（走步—慢跑—快跑—慢跑—走步），队列变化（大班），做操，操后活动（律动或运动游戏），放松整理活动（踏步、慢走）等。

需要注意的是，各年龄阶段内容要体现幼儿的年龄特点，有情趣，难易程度适当，并定期更换，而且，运动量要适当，且要考虑季节、天气特点。

（二）集体体育教育活动

集体体育教育活动是幼儿园体育活动的一种基本组织形式。它是教师依据幼儿的实际发展需要，有目的、有计划、系统地提高幼儿的身体素质而设计安排的一种教育活动，适宜教师组织幼儿集体提高某项能力、学会某项技能的学习内容。

具体而言，从组织流程上讲，集体体育教育活动一般包括准备活动、主体部分、结束部分三个部分。在活动开展中，要注意上肢活动与下肢活动的有机结合，教师的指导及材料的投放注重个体差异，投放材料充足有趣，以幼儿感兴趣的方式开展教学活动，运动量逐渐加大并有节奏等细节。一般情况下，小班集体体育教育活动实践为 20 分钟左右，中班集体体育教育活动实践为 25 分钟左右，大班集体教育活动实践为 30 分钟左右。活动尤其要注重其游戏性，要关注季节的适宜性。

（三）户外体育游戏

游戏是幼儿的天性，户外体育游戏尤其被幼儿喜爱，因为户外广阔的天地对幼儿充满了吸引力。户外体育游戏包括两个相互关联的学习过程，即"学习运动"和"通过运动来学习"。除体格发展外，户外体育游戏对于促进幼儿学会合作、遵守规则、提高竞争意识、提升解决问题的能力、建立集体荣誉感等有十分重要的意义。

户外体育游戏一般分为两种：一种是集体游戏，即教师组织的有目的、有要求、有规则的游戏，如"丢手绢""切西瓜""撕名牌"等；另一种是自由游戏，就是我们通常所说的"分散活动"，如滑滑梯、拍皮球、跳绳等，分散活动需要教师为幼儿提供丰富且多样的游戏材料，便于幼儿自选。

(四)室内体格锻炼

因为季节变化与天气变化的影响，如雾霾、大风、大雨等，幼儿不能在户外开展体格锻炼，因此，教师要根据班级实际情况在活动室或睡眠室内开展舞蹈、律动等室内体格锻炼，在此过程中，教师要注意幼儿的安全与运动量。

(五)野趣活动

春秋季节，幼儿园要组织幼儿开展园外野趣活动。带领幼儿去大自然中开展野趣活动，既锻炼幼儿的身体，也能促进幼儿在大自然中感受与欣赏美。大自然中可用于锻炼的自然环境和因素有很多，如宽阔的草坪、疏密不同的树林、形状各异的小桥、高低起伏的山坡等。教师可以根据场地，设计简单而又富有趣味的开放性活动，充分满足幼儿的运动欲望。

(六)运动会

幼儿园运动会可以提高幼儿参与锻炼的兴趣，使教师了解他们体育学习与锻炼的效果，增加幼儿相互交往和交流的机会，增进团队精神，同时促进幼儿日常体格锻炼，也为家长了解子女发展情况与在园学习情况提供了机会。

从形式上讲，运动会包括体育表演、体育竞赛、体育娱乐三种类型的活动。在参与人员上，可以有幼儿、教师、家长及社区有关人员。

因为参与人员众多，活动内容丰富，所以运动会涉及的管理、服务工作比较复杂，组织工作比较繁重，应该注意"面向全体、人人参与、重在娱乐"，做好组织与管理工作。

四、幼儿体格锻炼的有效组织与管理

(一)幼儿体格锻炼的基础条件

1. 场地与设备设施的要求

对《北京市托幼园所分级分类验收标准及细则》中幼儿园室内外的场地、设备设施、玩具、空气的相应要求进行落实。

对儿童玩具器械的选择、准备要有明确的要求，注意玩具器械本身的安全性和使用的安全问题。

园所对玩具设施的安全检查、卫生消毒做出相应要求，并落实到人，防患于未然。

对活动的场地安排、幼儿一日作息要有明确的要求和系统的规划，并对恶劣天气下不能开展户外活动的情况有预案、有措施、有落实，保障幼儿的运动时间。

2. 人员要求

教师在组织每次体格锻炼活动前都要制订符合年龄特点的体格锻炼计划，保障体格锻炼开展的科学性、合理性、适宜性。

对幼儿体格锻炼中的安全有明确的要求，相关工作人员清楚要求，责任明确。

对幼儿的衣着有明确的要求，并主动向家长宣教，保障幼儿的运动安全，教给幼儿简单的自我保护方法，防患于未然。

（二）幼儿体格锻炼的运动量监测

幼儿体格锻炼是否有效、能否促进幼儿身体发展，必须以科学的观察与测评为依据，并根据结果反思、调整和优化体格锻炼的内容和形式，促进幼儿健康发展。

1. 幼儿运动量是否适宜的观察标准

体格锻炼中注意幼儿的运动量要适宜，作为管理者，要指导教师观察幼儿的运动情况，并指导教师控制幼儿的运动量。

（1）运动量适宜的标准

运动量是指体育活动中幼儿所承受的生理负荷量，它由活动强度、活动密度以及活动时间共同决定。

运动强度是指完成身体运动所用力量的大小和机体紧张的程度。例如，快跑与一般速度的步行比较，快跑运动的强度要大很多。运动强度的大小一般可以通过测定活动后的心率来判断。例如，幼儿进行四散追逐跑的游戏后，心率约为170 次/分钟；而进行短距离慢跑后，心率约为 130 次/分钟。很明显，前者运动强度较大，后者运动强度较小。

运动密度指幼儿做体育活动的时间与活动总时间的比值，一般可为60%～70%。

运动时间是指身体运动所持续时间的长短。幼儿参加体育活动时间越长，其运动量相对越大。

(2)适宜的体格锻炼负荷安排方式

一节30～40分钟的体育活动课，其负荷安排为多峰型比较科学。多峰型是指一次练习中，出现两次以上负荷高峰。心率为130～180次/分钟，练习后3～5分钟恢复至练习前心率。多峰型的练习，一定要注意给幼儿充分的休息时间。

具体观察指标见表3-12和表3-13。

表3-12　运动中幼儿运动量的观察

观察内容	适度疲劳	中度疲劳	非常疲劳
面色	稍红	相当红	十分红或苍白
汗量	不多	较多	大量出汗
呼吸	中速、较快	显著加快、加深	呼吸急促、表浅、节奏紊乱
动作	动作协调、准确、步态轻稳	协调性、准确性和速度均降低	动作失调、步态不稳、用力颤抖
注意力和反应力	注意力集中，反应正常	能集中注意力，但不够稳定，反应力减弱	注意力分散、反应迟钝
精神状态	情绪愉快	略有倦意	精神疲乏

表3-13　运动后幼儿运动量的观察

观察内容	适度疲劳	中度疲劳	非常疲劳
食欲	饮食良好，食欲增加	食欲一般，有时略有降低	食欲降低，进食量减少，甚至有恶心、呕吐现象
睡眠	入睡较快，睡眠良好	入睡较慢，或睡眠一般	很难入睡，睡眠不安
精神状态	精神爽快，情绪好，状态稳定	精神略有不振，情绪一般	精神恍惚，心悸，厌倦练习

2. 以体能测试评价全园幼儿的体格发展水平

体能测试是幼儿园卫生保健的一项重要工作，旨在通过体能测试检测幼儿的体格发育情况，根据测试结果指导教师的日常工作，促进幼儿健康发展。

为保障此项工作的科学性与有效性，幼儿园应该成立体能测试的专门组织机构，明确工作人员与分工，制定体能测试的工作方案，明确体能测试的标准、时间、内容以及统计与反馈各项工作细节。

目前，我国幼儿园体能测试采取的是《国民体质测定标准手册（幼儿部分）》，依据此文件中适用对象为3～6周岁的中国幼儿按年龄分组开展体能测试，测试指标包含形态与素质两大类。体能测试综合评级标准分为四类：一级（优秀，得分31分以上）；二级（良好，得分28～31分）；三级（合格，得分20～27分）；四级（不合格，得分20分以下）。具体的测试方式可以参考《国民体质测定标准手册（幼儿部分）》的内容。

为体能测试提供适宜的场地、器材，并对参加测试的人员、测试方法提出要求，注意幼儿的人身安全。

通过对体能测试统计表的数据分析，可以多方位地对园内幼儿的运动协调性进行评价，并对今后保健工作和班级的体格锻炼工作起指导作用。

（三）做好部门之间的协调工作

作为幼儿园的管理者，园长要做好幼儿体格锻炼工作的协调、管理、指导工作，促进全体幼儿身体健康发展。

幼儿体格锻炼不是一个部门可以完成的，需要保教部门、卫生保健部门、后勤部门的密切配合。例如，关于场地与设施的安排，需要各部门协商共同决策；对于超重及肥胖儿的体格锻炼指导，需要卫生保健部门向食堂工作人员、教师、家长提出指导建议，大家共同配合促进幼儿健康发展。这些都需要园长作为高层管理者协调各部门的配合，共同完成工作。

（四）对各部门负责的体格锻炼工作的检查与指导

园长及相关管理干部，要对幼儿体格锻炼相关工作做好检查、抽查及相关的反馈与指导工作，保障各部门开展体格锻炼相关工作的工作质量与成效，并就检查与反馈留好过程性资料。

五、幼儿体格锻炼的评价

卫生保健人员、保教干部要对幼儿体格锻炼工作进行评价，园长要认真听取他们的汇报并进行工作指导。

一般情况而言，幼儿体格锻炼工作评价包括体格锻炼活动设计的合理性、体格锻炼内容的适宜性、组织方式的多元性以及场地的安全性。另外，每年卫生保健部门要对幼儿体格发展进行测试，然后进行分析，对班级教师给出指导建议。

第六节　幼儿一日生活护理

合理、科学的幼儿一日生活是幼儿身心健康的重要保障，为幼儿的全面发展奠定基础。幼儿园应合理安排幼儿的一日生活，应尊重幼儿的人格与权利，尊重幼儿的发展规律，关注生命需要，关注个体差异，保教并重，为幼儿提供健康、丰富的生活和活动环境，满足他们多方面发展的需要，使他们在园生活愉快有序，帮助幼儿建立和形成良好的生活行为习惯，获得有益于身心发展的经验，为幼儿一生的发展打下良好的基础。

一、合理安排幼儿一日生活的意义

合理安排幼儿一日生活，利于幼儿神经系统正常发育，保护幼儿消化系统的功能，培养幼儿良好的生活习惯，使幼儿体、智、德、美全面发展。幼儿一日生活不仅是对日常的教育工作内容进行时间上的简单安排，还是对幼儿的发展需求、教育内容以及教育方法的全面安排。因此合理安排幼儿一日生活能够保障幼儿的教育权益，保证幼儿受到系统、全面的教育。幼儿园应高度重视幼儿一日生活的护理，合理安排幼儿一日生活，发挥一日生活的教育价值，为幼儿全面发展奠定基础。

二、合理安排幼儿一日生活的原则

合理的生活制度是依据幼儿的年龄特点，对幼儿一日生活中的饮食、活动、睡眠等主要内容的时间、次序、次数和间隔给予合理的安排。幼儿一日生活制度的合理性及其管理的有效性取决于各类活动交替安排的有效性，应根据不同的季节和不同幼儿的年龄特点制定出不同的生活作息制度，以保证幼儿一日生活制度的有效性。合理安排幼儿一日生活的原则如下。

（一）符合不同年龄幼儿的生理特点

一日生活的安排要充分考虑不同年龄幼儿的需求和特点，合理安排。

(二)动态和静态活动交替

我们应尊重动静交替原则，来规划幼儿的一日生活。

(三)户外活动和室内活动交替

每天尽量保证 2 小时的户外活动时间，如果由于天气无法保障户外活动时间，可进行一定的室内活动。

(四)正规活动和非正规活动交替

非正规活动是较为自由的、随意的活动，它对发展幼儿的兴趣、爱好和个性有着较为显著的作用。因此，应合理安排正规活动和非正规活动。

(五)集体活动和个体活动交替

在幼儿一日生活中，既要有集体活动，也要有个体活动，幼儿园必须保障幼儿自主参与游戏活动的时间。

(六)稳定性和灵活性相结合

幼儿一日生活可以根据季节、天气等特殊情况做出灵活调整。

三、幼儿一日生活各岗人员管理职责

幼儿一日生活的合理组织与开展，是幼儿园卫生保健工作的落脚点。在幼儿一日生活护理工作中，园长应充分发挥领导职责，确保各部门、各类人员明确工作职责和工作目标，严格执行各项卫生保健制度和幼儿一日生活制度，保障幼儿一日生活正常运转。

幼儿一日生活护理工作相关人员与职责如下。

(一)园长

领导和组织各部门积极落实幼儿一日生活护理的各项工作。按时听取卫生保健部门日常工作汇报，并给予及时反馈。定期向保教部门了解幼儿一日生活基本情况，并给予及时指导。督促后勤部门为幼儿一日生活提供充分的物质保障和安全保障。

(二)卫生保健部门

根据园内幼儿年龄特点，结合实际情况，制定本园幼儿一日生活制度。参与制定园内幼儿作息时间安排。参与制定一日生活中各个环节(如活动、进餐、饮水、如厕、盥洗、睡眠等)生活护理的要求。每周应对各班幼儿执行一日生活制度的情况进行有目的的检查，及时发现问题并予以纠正。

(三)保教部门

保教干部要监督教师对幼儿一日生活的落实。教师遵守幼儿一日生活制度，合理组织幼儿一日生活。

(四)后勤部门

按照卫生保健部门工作计划和要求，为幼儿一日生活提供物质保障，严格执行各项安全制度，全方面确保幼儿一日生活的安全。

(五)家长

配合幼儿园各项工作，以正确的方式教育和引导幼儿养成良好的生活习惯。

四、幼儿一日生活的组织与实施

幼儿在幼儿园一日生活的环节主要包括入园、进餐、饮水、盥洗、睡眠、如厕、教育活动、户外活动、离园。幼儿园园长、卫生保健人员、保教人员应根据幼儿身心发展特点，结合本园实际情况，制定科学、合理的一日生活制度并严格执行。园长应督促卫生保健人员及保教人员积极开展工作，并检查实际工作的落实情况。卫生保健人员应指导幼儿一日生活护理的各个环节，坚持每日巡视，观察班级生活作息制度的执行情况，发现问题并及时予以纠正，以保证幼儿在园内生活的规律性和稳定性。保教人员要严格执行一日生活制度，根据幼儿年龄特点安排进餐、睡眠、教育活动、户外活动等，培养幼儿良好的卫生习惯和独立生活能力。

(一)入园

幼儿入园时，后勤部门的安全人员要做好安全保障工作，有序接待幼儿入园。

卫生保健人员要对幼儿进行晨检，观察幼儿身体状况，与个别家长简谈(幼儿精神状态等)，并做好晨检记录。保教部门要监督教师在幼儿入园前做好活动室的通风、卫生消毒和餐前准备工作等。

(二)进餐

卫生保健人员要根据幼儿年龄特点和托幼机构服务形式合理安排每日进餐时间。制定餐点数，两餐间隔时间一般为 3.5～4 小时，在进餐过程中及时监督、督促保教人员组织幼儿进餐。卫生保健人员要做好幼儿进餐的营养核算，保障幼儿营养膳食。在幼儿进餐环节，要经常进班检查，督促保教人员合理组织进餐环节。一旦发现问题，要及时跟保教部门反馈。

后勤部门要做好幼儿食品卫生消毒、餐饮器具消毒等方面的工作，确保幼儿进餐的安全。

培养幼儿良好的卫生习惯，餐前组织幼儿用流动水、洗手液洗手，做到随洗随吃。年幼、体弱儿和吃饭慢的幼儿先洗先吃，洗手和吃饭都要有教师照顾。教育培养幼儿不掉饭菜。

培养幼儿独立进餐，3岁饭菜分开，用勺进餐，4岁开始使用筷子。纠正偏食，培养不挑食的好习惯。

幼儿在餐前（约15分钟）不做剧烈活动，避免过度兴奋，餐前和进餐时要保持幼儿情绪愉快，并专心进餐。掌握幼儿的进食量，每餐进餐时间20～30分钟，餐后安静活动或散步时间10～15分钟。保证吃饱、吃好。教育幼儿充分咀嚼，不要过分催饭；对食欲不好的幼儿要分析原因，给予照顾。

吃饭前要关窗（夏季时根据天气情况适当关窗），进餐过程中不擦地、不扫地、不铺床、保证进餐时的卫生。

保教人员要为幼儿创设安静愉快的用餐环境，关心幼儿用餐情况，指导、提醒、督促幼儿养成良好的进餐习惯，组织好幼儿餐后活动，及时协助做好清理工作。

（三）饮水

幼儿园应为幼儿提供足够的饮用水，不要让幼儿感到口渴时才饮水。在夏季、早晨或午睡起床后，在进行体育活动时或者在幼儿患病时，还要注意增加幼儿的饮水量。每日上午、下午各1～2次集中饮水，1～3岁幼儿饮水量50～100毫升/次，3～6岁幼儿100～150毫升/次。饮水时间和次数应根据季节变化和幼儿实际情况而定，一般幼儿每两餐之间应饮水一次（餐前0.5～1小时饮水对机体有益）。保教人员要在一日生活中保障幼儿的饮水次数和饮水量，并要经常检查幼儿饮用水的温度是否合适、水质是否合格。

幼儿园后勤部门应设专门的饮用水供应点随时供给幼儿饮用水。幼儿喝水的杯具应该专用，杯具要保持清洁，经常消毒，防止疾病传播。

（四）盥洗

盥洗应该包括洗脸、刷牙、洗头、洗手、洗脚、洗外阴和肛门及修剪指甲等。这些内容全日制幼儿园设计不多，大多在家庭中进行，而寄宿制幼儿园则基本上全部都会涉及。许多疾病，如某些皮肤病、眼病、寄生虫病，都是由于不注意盥洗卫生引起的。幼儿园应注意学前幼儿的盥洗卫生，这是预防交叉感染和疾病，增强幼儿体质，促进生长发育的必要措施。

保教部门要在班级中组织幼儿认真盥洗。卫生保健部门要定期进班检查幼儿盥洗情况。后勤部门要为幼儿盥洗环节提供必备的清洁用品。

(五)睡眠

学前幼儿生长发育的特点是同化作用明显大于异化作用。在睡眠时，学前幼儿的各种心理功能的活性降低，机体的异化作用减弱，而且生长激素的分泌增加，对促进机体的正常发育具有一定意义。睡眠充足的幼儿，头脑会更清醒，精力充沛，记忆力好；相反，睡眠不足的幼儿会表现为精神萎靡、脾气暴躁、食欲降低、身心健康状况不佳。

足够的睡眠时间可以使学前幼儿机体的各个器官、各个系统都得到充分的休息，有益于健康和生长发育。幼儿年龄越小，神经细胞就越脆弱，容易使疲劳程度加深，所需的睡眠时间越长。幼儿园在安排幼儿一日生活作息时，首先要保障幼儿足够的睡眠时间。学前幼儿所需睡眠时间详见表 3-14。《3—6 岁儿童学习与发展指南》建议"保证幼儿每天睡 11～12 小时，其中午睡一般应达到 2 小时左右。午睡时间可根据幼儿的年龄、季节的变化和个体差异适当减少"。

表 3-14　学前幼儿所需睡眠时间

年龄	新生儿	1 岁	2 岁
睡眠时间(小时)	18～20	14～15	12～13

保教人员要做好学前幼儿睡眠前的各项准备，保证幼儿及时入睡，帮助幼儿培养良好的睡眠习惯。

首先，创设良好的睡眠环境。幼儿园的幼儿卧室要空气流通、室温宜人、安静、无刺眼亮光。

其次，准备舒适的睡眠环境。睡眠前应认真检查幼儿的床铺(或垫)和被褥。床铺不应有杂物，特别是一些有可能伤害幼儿的物品，如曲别针、发卡等；被褥要厚薄适宜、干净，枕头不要过高。

再次，幼儿睡眠前饮食要适量。睡眠前不宜让幼儿吃得过多，以免妨碍横膈肌的运动能力，加重心脏负担；也不要让幼儿空腹睡眠。睡眠前不要让幼儿大量喝水，以免小便增多影响睡眠。

复次，睡眠前提醒幼儿如厕。学前幼儿会因为贪玩而忘记睡前如厕小便，应经常给予提醒，让幼儿养成入睡前小便的习惯。

最后，平定幼儿情绪。幼儿园在午餐后、午睡前安排一段时间由教师带领幼儿做一些较平静的活动，如自由散步、听听音乐、念念儿歌等。不宜让幼儿做活动量大的游戏，不看、不听刺激惊险类的影视和故事，不大声唱歌和跳舞等，使幼儿情绪稳定，以保证幼儿安静入睡。

同时，保教人员要做好幼儿睡眠的各项管理工作，培养幼儿正确的睡姿，纠正不良睡眠习惯，及时检查幼儿睡眠情况，保证幼儿睡眠质量和安全。

卫生保健人员要经常进行午睡巡检，及时发现幼儿的健康问题，注意环境的动态变化。

（六）如厕

大小便是机体的生理需要，幼儿对排便的控制能力较差，因此，幼儿园应允许幼儿根据其需要随时大小便，在每个活动环节过渡时要提醒幼儿排便，逐步培养幼儿定时大小便的习惯。

首先，保教人员要培养幼儿良好的如厕习惯。教师应掌握幼儿大小便习惯，提醒幼儿及时如厕，教育幼儿便后洗手，节约用水；引导幼儿主动做好集体活动、户外活动、进餐、午睡等活动前的如厕准备；指导能力弱的幼儿正确如厕。其次，保教人员要提醒幼儿及时如厕，避免因为憋尿、憋便而导致排尿困难、感染或便秘。当学前幼儿不小心尿湿裤子或床时，保教人员应给予理解，不要指责，消除其紧张感，并及时为幼儿更换衣物。

卫生保健人员还应及时检查幼儿卫生间的卫生消毒工作，为幼儿创造一个良好的如厕环境。后勤部门要做好幼儿卫生间设备设施的检查和维修工作。

（七）教育活动

幼儿园中的教育活动是有目的、有计划引导学前幼儿的活动，保教人员要合理组织教育活动。

首先，做好充分准备，活动前提醒幼儿收拾玩具、如厕，做好身心准备。

其次，保证教育活动质量要注意以下四个方面。

第一，教育活动目标明确、具体，符合本班幼儿的发展水平。

第二，以幼儿为活动主体，激发幼儿积极思维，主动探索，提高他们解决问题的能力。在活动中以幼儿发展为出发点，教师要采取恰当的方式给予指导和帮助，积极引导幼儿与同伴合作学习、分享快乐。

第三，研究有效的活动形式和方法并灵活运用，通过集体、小组和个别教育结合的形式，努力培养幼儿的学习兴趣，不断激发他们学习的主动性和积极性，突出重点，解决难点，具有创造性。

第四，注意培养幼儿正确的坐、立、行姿势和握笔的姿势，保护幼儿视力。

再次，态度亲切自然，语言清晰、简练、准确、规范、幼儿化。亲近、赏识幼儿，富有童心，师生关系融洽，能形成良好互动。

最后，教育活动结束后，注重反思，认真总结经验与不足，以便今后发展和改进。

教育活动时间安排：小班 15～20 分钟，中班 20～25 分钟，大班 25～30 分钟。

卫生保健人员要监督、检查教育活动的组织形式、组织时间是否符合幼儿身心特点，是否有利于幼儿身心健康。

后勤部门要做好幼儿室内活动场地的安全检查，为幼儿创设安全的活动环境。

(八) 户外活动

根据幼儿年龄特点，合理安排幼儿每日活动量，活动内容丰富，动静结合。日托园幼儿户外活动时间每日不少于 2 小时，全托园幼儿不少于 3 小时，特殊天气根据教委要求酌情调整。

户外活动安排可设置集体体育锻炼、集体游戏、自由活动。保教人员做好游戏的一切准备，保证充足的游戏时间，合理安排游戏环节。尽量让幼儿到户外自由地参加各种有益的活动。尊重幼儿意愿，切实指导幼儿游戏，注意观察、引导幼儿，及时给予帮助和指导，促进游戏情节的发展。鼓励幼儿正确进行游戏评价，为游戏的进一步开展做好铺垫。幼儿活动应在教师视线范围之内，注意安全。

后勤部门要做好户外场地和大型玩教具检查，为幼儿户外活动创造安全环境。

(九) 离园

在幼儿等候离园时，保教人员可组织幼儿进行一些室内较为安静的桌面游戏或户外活动；离园时，引导幼儿清理自己的物品，整理书包。在等待离园时，保教人员要注意幼儿的活动安全，经常清点人数，不要让幼儿擅自走出幼儿园大门，更不可让陌生人将幼儿带走。同时，教师应该及时与家长沟通，反馈学前幼儿在园的生活情况。待幼儿全部离园后，保教人员应将室内打扫干净，物品消毒，摆放整齐，关好门窗，切断水电。

后勤部门在离园要做好幼儿接送的安全保障，在幼儿离园后要检查全园水电设备设施，检查有无安全隐患。

第七节　卫生消毒

一、卫生消毒的意义和重要性

幼儿园是极易感者集中的地方，幼儿日常接触密切，一旦传染病传入，极易造成流行。合理有效的卫生消毒是预防疾病发生及切断传染病传播途径的一项重要措施。加强园所环境、饮食、个人卫生管理，培养幼儿良好的卫生习惯；定期检查炊事人员、厨房、炊具及食品卫生情况，确保饮食卫生；保证活动室及卧室通风换气，地面、桌椅干净整齐；为幼儿提供良好的学习和生活卫生环境。

二、卫生消毒的相关依据

幼儿园应依据《托儿所幼儿园卫生保健管理办法》《托幼机构的房屋建筑、卫生设施及要求》《消毒技术规范》等要求制定园所卫生消毒制度，建立责任区，落实卫生检查。

三、园所日常卫生消毒对象与要求

(一)公共环境卫生消毒要求

实行按部门责任区清扫保洁制度，室内外环境禁止三乱(乱吐、乱扔、乱倒)。

幼儿园内不得吸烟。保持室内空气流通，每半日通风一次，每次 10～15 分钟，夏季室内应有防蚊、蝇、鼠、蟑螂等的设施。

园内大型玩具，应有专门人员负责擦拭干净；全天阳光暴晒消毒。

疫情期消毒按上级保健科、疾控要求消毒。

(二)班级卫生消毒要求

保持室内空气流通，每半日通风一次，每次 10～15 分钟，夏季室内应有防蚊、蝇、鼠、蟑螂等的设施。活动室、卧室配备温度计，冬季室温保持在 18℃～20℃，低于 18℃ 可以开空调，夏季室温不超过 30℃。夏季开空调室内外温差为 5℃～8℃，空调温度控制在 26℃～28℃。空调房至少每半日通风 1 次，每次10～15 分钟。

室内外环境每日一小扫，每周一大扫，应做湿性扫除，应保持整齐，物品摆放到位。详细要求见表 3-15。

表 3-15　托幼机构环境和物品预防性消毒方法

消毒对象	物理消毒方法	化学消毒方法	备注
空气	开窗通风每日至少 2 次；每次 10 ~ 15 分钟		在外界温度适宜、空气质量较好、保障安全性的条件下，应采取持续开窗通风的方式
	采用紫外线杀菌灯进行照射消毒，每日 2 次，每次持续照射时间 60 分钟		1. 不具备开窗通风空气消毒条件时使用 2. 使用移动式紫外线杀菌灯时，按照每立方米 1.5 瓦计算紫外线杀菌灯管需要量 3. 禁止紫外线杀菌灯照射人体体表 4. 采用反向式紫外线杀菌灯在室内有人环境持续照射消毒时，应使用无臭氧式紫外线杀菌灯
餐具、炊具、水杯	煮沸消毒 15 分钟或蒸汽消毒 10 分钟		1. 对食具必须先去残渣、清洗后再进行消毒 2. 煮沸消毒时，被煮物品应全部浸没在水中；蒸汽消毒时，被蒸物品应疏松放置，水沸后开始计算时间
	使用餐具消毒柜、消毒碗柜消毒，按产品说明使用		1. 使用符合国家标准规定的产品 2. 保洁柜无消毒作用，不得用保洁柜代替消毒柜进行消毒
毛巾类织物	用洗涤剂清洗干净后，置阳光直接照射下暴晒干燥		暴晒时不得相互叠加；暴晒时间不低于 6 小时
	煮沸消毒 15 分钟或蒸汽消毒 10 分钟		煮沸消毒时，被煮物品应全部浸没在水中；蒸汽消毒时，被蒸物品应疏松放置
		使用次氯酸钠类消毒剂消毒；使用浓度为有效氯 250~400 毫克/升消毒剂浸泡消毒 20 分钟	消毒时将织物全部浸没在消毒液中，消毒后用生活饮用水将残留消毒剂冲净

续表

消毒对象	物理消毒方法	化学消毒方法	备注
抹布	煮沸消毒15分钟或蒸汽消毒10分钟		煮沸消毒时，抹布应全部浸没在水中；蒸汽消毒时，抹布应疏松放置
		使用次氯酸钠类消毒剂消毒；使用浓度为有效氯400毫克/升消毒剂浸泡消毒20分钟	消毒时将抹布全部浸没在消毒液中，消毒后可直接控干或晾干存放；或用生活饮用水将残留消毒剂冲净后控干或晾干存放
餐桌、床围栏、门把手、水龙头等物体表面		使用次氯酸钠类消毒剂消毒；使用浓度为有效氯100～250毫克/升消毒剂消毒10～30分钟	1. 可采用表面擦拭、冲洗消毒方式 2. 餐桌消毒后要用生活饮用水将残留消毒剂擦净 3. 家具等物体表面消毒后可用生活饮用水将残留消毒剂去除
玩具、图书	每两周至少通风晾晒1次		1. 适用于不能湿式擦拭、清洗的物品 2. 暴晒时不得相互叠压。暴晒时间不低于6小时
		使用次氯酸钠类消毒剂消毒；使用浓度为有效氯100～250毫克/升消毒剂表面擦拭、浸泡消毒10～30分钟	根据污染情况，每周至少消毒1次
便盆、坐便器与皮肤接触部位、盛装吐泻物的容器		使用次氯酸钠类消毒剂消毒；使用浓度为有效氯400～700毫克/升消毒剂浸泡或擦拭消毒30分钟	1. 幼儿厕所专用 2. 必须先清洗后消毒 3. 浸泡消毒时将便盆全部浸没在消毒液中 4. 消毒后用生活饮用水将残留消毒剂冲净后控干或晾干存放
体温计		使用75%～80%乙醇溶液浸泡消毒3～5分钟	使用符合《中华人民共和国药典》规定的乙醇溶液

使用说明：

1. 表中有效氯剂量是指使用符合卫生部《次氯酸钠类消毒剂卫生质量技术规范》规定的次氯酸钠类消毒剂。

2. 传染病消毒根据国家法规《中华人民共和国传染病防治法》规定，配合当地疾病预防控制机构实施。

（三）幼儿与用品卫生要求

培养幼儿养成良好的卫生行为习惯：坚持饭前洗手、吃油腻食物后要洗手洗嘴（冬季搽润肤油）、便后洗手。七步标准洗手法如图3-2所示。

保教人员周一检查幼儿指甲，如有长指甲，教师负责为幼儿剪指甲，并与家长沟通每周定期为幼儿剪指甲。

儿童日常生活用品专人专用，保持清洁。园内幼儿每人1巾1杯，每天清洗并消毒1次，毛巾应放置在阳光通风处晾晒。幼儿梳子、拖鞋个人专用，保持清洁，每周清洗1次。

移动幼儿床应有标识，日托园每月换洗床单、被套、枕套，全托园每周换洗2次。床上用品有污物时及时更换拆洗。

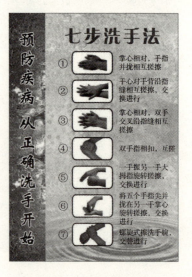

图 3-2　七步洗手法

（四）工作人员个人卫生要求

应保持仪表干净整洁，勤洗头、洗澡、剪指甲，不染指甲，不留长指甲，不戴戒指，不佩戴长项链，毛巾、水杯、餐具专用。

上岗前或接触食品前要洗手。负责幼儿饮食的教职工，在分饭前要洗手，搞好个人卫生。保教人员在护理幼儿进餐前要求用流动水洗手并佩戴围裙、套袖、三角巾。值日生在教师的帮助下也要佩戴围裙、套袖。

炊事人员要求详见第八节膳食管理。

（五）饮食卫生消毒要求

餐桌应在餐前按"清—消—清"程序清洁桌面，餐后要擦拭干净。水杯每日清洗消毒，用水杯喝豆浆、牛奶等易附着于杯壁的饮品后，应当及时清洗消毒，有条件者最好使用两套水杯。

四、卫生消毒评估

为了给幼儿创设一个温馨舒适、安全卫生的生活、学习环境，确保在园幼儿身体健康，幼儿园应把卫生安全工作放在重要的位置，并将安全卫生检查作为一种长效机制，不定时进行抽查与督导。检查内容包括班级物品的摆放，活动室桌椅、墙面、地面、门窗、寝室、盥洗室的卫生。检查过程中，园长现场与教师、保育员进行交流沟通，针对存在的问题现场指正。

班级应每日登记卫生消毒情况。（消毒记录表详见第三章第十节卫生保健管理工作记录相关范例表）

接受疾控及上级卫生保健部门卫生消毒检查及指导，定期进行物表细菌菌落培养计数检查。

五、常用表格范例

幼儿园班级卫生检查评比标准表见表3-16。

表 3-16 ××幼儿园班级卫生检查评比标准表

检查项目	具体要求	扣分规则	备注
教室地面（含阳台、卫生间）(20分)	干净无尘绒、无纸片和杂物，坚持每天按时清扫、拖地	有一处不干净扣1分，不拖地扣2分，大面积不干净扣5分，严重者扣10分，保持不好者视情况扣1～5分	
门、窗台、窗框、窗槽、开关等(10分)	干净、无尘土、污迹	一处不干净扣1分	
衣柜、毛巾柜、水杯柜、电视投影、玩具柜、钢琴、办公桌等(20分)	台面清洁无污迹、无灰尘，坚持每天按时清洁、消毒	有一处不整齐扣1分，玩具清洗不干净扣1分，玩具不清洗、不消毒扣5分	
物品摆放整齐、有序(10分)	摆放整齐、有序，没有尘土、污迹，坚持按要求清洁、消毒	有一处不整齐扣1分，玩具清洗不干净扣1分，玩具不清洗、不消毒扣10分	
清理垃圾和垃圾桶，清洁工具干净(5分)	每天离园时丢垃圾，垃圾桶内、外胆无明显污渍，每周彻底清洗一次，班级内无异味	不按时扔垃圾扣1分，垃圾桶内、外胆不干净扣1分，班级有异味扣1分	
消毒液使用(5分)	按要求使用消毒液，消毒液配比方法、浓度正确	未按要求使用消毒液扣5分，配比方法不正确扣1分	
便池、洗手池(10分)	清洁、无污渍、无水渍、无异味，坚持每天按要求清洗	有一处不干净扣1分	
幼儿个人用品（10分）	每天按时清洁、消毒，午餐碗、水杯无污渍、水渍，毛巾保持本色	水杯、勺、午餐碗清洗不干净（出现2个）各扣1分，毛巾清洗、消毒不彻底扣5分	
幼儿寝具(10分)	床品摆放整齐、有序，按时清扫，床上无异物	有一处不干净扣1分	
合计(100分)			

幼儿园班级每日消毒记录表见表 3-17。

表 3-17　××幼儿园班级每日消毒记录表

班级：　　　　　　　　　　　　　　　　　　　　　　　　　　　　　年　月

日期	餐桌、餐车		用餐时桌布		便池、隔断、抹布、墩布		地面、地垫、水杯格、架、玩具柜、椅子、门把手、水龙头		开窗通风		毛巾		不耐湿玩具、图书		耐湿玩具、幼儿梳子、拖鞋、门窗、床围栏、拖鞋柜		被褥		负责人签字
	消毒方法	频率	消毒方法	频率	消毒方法	频率	消毒方法	频率	消毒方法	频率	消毒方法	频率	消毒方法	频率	消毒方法	频率	消毒方法	频率	
	1:2500消毒剂擦拭	3次/天	1:2500消毒剂擦拭或浸泡	3次/天	1:1000消毒剂擦拭或浸泡	1次/天	1:2500消毒剂擦拭	1次/天	大开窗10~15分钟/半日或使用空气净化机	≥2次/天	开锅后蒸15分钟	1次/日	阳光暴晒6小时	1次/周	1:2500消毒剂浸泡或擦拭	1次/周	清洗、阳光暴晒	2次/月	
	早 中 晚	早 中 晚	早 中 晚	早 中 晚	—	—	—	—	—	—	—	—	—	—	—	—	—	—	

第八节 膳食管理

食品安全是幼儿园的一项重要工作，教师、家长和社会对此十分关注。近年来，幼儿园集体食物中毒的案例屡见不鲜，食品卫生安全问题必须引起重视。为保证食品安全符合卫生和良好感官性状，必须采取一切必要措施。因此，食物的采购、储藏、加工等各个环节，都应严格遵守食品安全和卫生要求。托幼机构食品卫生的科学管理是幼儿膳食安全的重要保障。

一、膳食管理的相关法律法规

托幼机构食堂应当按照《中华人民共和国食品安全法》《中华人民共和国食品安全法实施条例》以及《餐饮服务许可管理办法》《餐饮服务食品安全监督管理办法》《北京市餐饮服务许可管理办法》《北京市食品安全条例》《学校食堂与学生集体用餐卫生管理规定》等有关法律法规和规章的要求，取得"餐饮服务许可证"。

依据上述法律法规，建立健全符合本园实际情况的各项食品安全管理相关制度，包括食品采购、索证、验收卫生制度；烹调加工制度；面食糕点制作管理制度；分餐间食品安全管理制度；餐饮具清洗消毒保洁制度；食品管理留样制度；预防食品安全事故制度；食物中毒事故责任追究制度；厨房人员晨检制度。

二、食堂人员管理

建立伙委会，对食堂工作进行监管。人员组成包括园长、卫生保健人员、厨房管理员、炊事人员等。每月召开膳食管理会，研究幼儿膳食中存在的问题，并随时征求意见，总结经验，不断提高膳食质量，保证幼儿膳食营养健康，并将会议内容记在"儿童膳食管理委员会会议记录册"上（图3-3）。

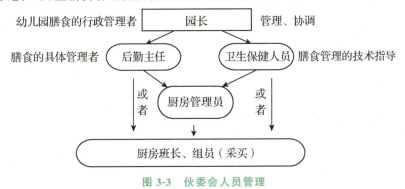

图 3-3　伙委会人员管理

三、膳食营养管理

托幼机构应当根据幼儿生理需求，以《中国居民膳食指南》为指导，参考中国居民膳食营养素参考摄入量（DRIs）和各类食物每日参考摄入量，制订幼儿膳食计划。

计划膳食是集体膳食的一种科学管理方法。它能使幼儿得到合理的平衡膳食，能使膳食费有计划地合理使用。

（一）制订膳食计划

制订每人每日各类食物用量计划：按平时幼儿对各种食物的食用量，参照上次营养计算结果，结合膳食费，订出谷类、干豆类、肉类、蛋类、鱼虾蟹贝类、蔬菜类、水果类、糖、油脂类及调味品等每人每日的具体用量计划。

粗算每人每日食物用量中所含的能量、蛋白质及其他各种营养素。

将计算结果与膳食营养素参考摄入量（DRIs）标准相比较。对于日托园来说，能量、蛋白质及其他各种营养素达到 DRIs 的 90%，其他各种营养素达到 DRIs 的 80% 以上。反复调整食物量直到符合要求为止。

计算每人每周各类食物用量：每人每日每类食物用量×5。

（二）制订食谱

食谱是制订膳食计划的依据。托幼机构在制作膳食时既要保证幼儿营养量的摄入达到要求，又要做到不剩饭，因此需要在花样食谱的基础上制定带量食谱。

1. 制订花样食谱

根据市场供应情况，食物用品要多样化且合理搭配。

一是根据平衡膳食塔（图 3-4），按照幼儿年龄及一定比例适量分配一日三餐，编制科学、合理、平衡的营养膳食（表 3-18）。

二是合理选择多样化食物。

首先，根据季节特点，选择应季食物。

其次，按照幼儿营养需要量，运用食物替换的方法搭配幼儿每周食谱，建议主副食花样搭配，一周内不重样。

最后，早餐以主食为主、优质蛋白质为辅。午餐主副食并重，两菜一汤，菜品为一荤一素，多选用各种季节性蔬菜。晚餐安排较少的脂肪及易消化的食物，减少油炸食品和甜食的供给。每天有一定量深色蔬菜的供应。

盐		<6克
油		25~30克
奶及奶制品		300克
大豆及坚果类		25~35克
畜禽肉		40~75克
水产品		40~75克
蛋类		40~50克
蔬菜类		300~500克
水果类		200~350克
谷薯类		250~400克
水		1500~1700毫升

图 3-4　平衡膳食塔

表 3-18　2～5 岁幼儿各类食物每日参考摄入量(克/天)

食物种类	2～3 岁	4～5 岁
谷类	85～100	100～150
薯类	适量	适量
蔬菜	200～250	250～300
水果	100～150	150
禽畜肉类		
蛋类	50～70	70～105
水产品		
大豆	5～15	15
坚果	—	适量
奶制品	500	350～500
油	12～20	20～25
盐	<2	<3

注：资料来自《中国孕期、哺乳期妇女和0～6 岁儿童膳食指南》。

三是注意蛋白质的互补作用，充分利用豆制品。

四是保证饮食清淡少盐，兼顾营养膳食的搭配，注意粗细粮的搭配、干稀搭配、荤素搭配。同时要注重甜咸口味和食物软硬的搭配。

五是食谱应满足幼儿年龄特点的需要(种类、大小、色、香、味)：<1 岁、1～2 岁、3～6 岁幼儿的饮食制作要有区别。

六是在主副食的选料、洗涤 、切配、烹调的过程中，方法应当科学合理，减少营养素的损失，符合幼儿的清淡口味，达到营养膳食的要求，烹调食物注意色、香、味、形，提高幼儿进食兴趣。

2. 制订带量食谱

带量食谱是在花样食谱的基础上，把膳食计划中各类食物的每周用量全部反映在食谱中，定出每餐或每日每人的各种食物原料的用量。

将膳食计划中每周食物用量分配到每日、每餐的幼儿食物带量食谱中。带量食谱完成后应将每周各类食品的数量相加，其总量须与同期计划用量相符(如果所用食物较昂贵，不能保证每周的食谱上均能体现，可以体现为每两周一次或每月一次)。

采购员必须按照食谱要求供应食物，炊事员按照食谱上规定的花样和各种原料的数量制作饭菜，保证膳食计划的落实。如果食谱上的原料未能及时买到，可由保健医决定用同类食物代替，但必须在食谱上及时做出相应的修改。

(三)营养计算

1. 计算营养素摄入量

(1)统计食物消耗量

记录时，食品单位应统一，按克或千克。

①前盘库。

时间：自统计时段的前一日晚饭后。

方法：将库存各种食物准确称重，分别登记在附表 3-2 的结存数量栏内。

②累计购入食品账。

每天购买的各种食物按品种分别登记在附表 3-2 的购物累计栏内，也可以将食物品种累加后登记入账。

③后盘库。

时间：统计时段最后一天的晚饭后。

方法：将库存各种食物准确称重，分别登记在附表 3-2 的剩余数量栏内。

④计算实际消耗量。

结存数量＋购物累计－剩余数量＝实际消耗量。将计算结果登记在附表 3-2 的实际消耗栏内。

（2）统计人日数

各班记录用餐人数，早、午、晚三餐分别统计，记录在附表3-3中。总人日数＝总人次数÷3。

（3）计算营养量

①将附表3-2中各类食物实际消耗量，按食物种类分别列在附表3-4的食物名称及全园总消耗量栏内。

②计算平均每人每日进食量：全园总消耗量÷人日数＝平均每人每日进食量（克）。将平均每人每日进食量填入附表3-4相应栏内。

③查食物成分表计算营养量：平均每人每日各种食物进食量与食物成分表中食品所含能量、蛋白质及其他营养素分别相乘，计算结果计入附表3-4各种营养素栏内。

例，平均每人每日食用面粉125克，要确定其中所含的蛋白质的量。

食物成分表上富强粉每100克食品含蛋白质10.3克。

摄入125克面粉获得蛋白质＝10.3÷100×125＝12.875克。

如果食物成分表是按照食物的食部提供营养量，应按照食物成分说明中提供的公式进行计算。

例，平均每人每日食用猪小排9.2克，要确定其中所含蛋白质的量。

a. 营养量的计算公式：参考《中国食物成分表》（中国疾病预防控制中心营养与食品安全所编制，北京大学医学出版社出版）。

X＝A×10×食部％。

X：市品1千克食物中该项营养素含量的数值。

A：表中食部100克的该项营养素含量的数值。

食部：从市面上购来的样品去掉不可食的部分之后，所剩余的可食部分。

b. 查猪小排所含营养素，

猪小排的食部占72％，食部100克蛋白质含16.7克。

c. 9.2克猪小排中所含的蛋白质＝（16.7×10×72％）/1000×9.2＝1.1克。

④计算平均每人每日所摄入的各种营养素量：将附表3-4中各种食物中各类营养素分别相加。

2. 计算DRIs

①将实际进餐的各年龄组幼儿人日数计入附表3-5人日数栏内。

②求共差：人日数×差值。

③求差数：共差总数÷总人日数×计算系数

④求 DRIs：差数＋2 岁基数。计入附表 3-5 相应栏内。例，蛋白质的 DRIs＝蛋白质的共差总数÷总人日数×10＋25。

(四)营养评价

1. 平均每人进食量

计算平均每人每日进食量。

2. 营养素摄入量

计算营养素占 DRIs 的百分数：不同营养素摄入量÷相应 DRIs×100％。

3. 能量来源分布

脂肪供能占总量的百分比＝脂肪提供的能量÷总能量＝9×脂肪量(克)÷总能量(千卡)×100％。

蛋白质供能占总量的百分比＝蛋白质提供的能量÷总能量＝4×蛋白质(克)÷总能量(千卡)×100％。

4. 蛋白质来源

将附表 3-4 的动物性食物的蛋白质数量及豆类食物的蛋白质数量分别计入附表 3-6 相应栏内，分别除以蛋白质总量乘 100％，即占蛋白质总量。

5. 膳食费使用

膳食费盈亏百分比：当月膳食费盈余或亏空额÷当月膳食费应支付额×100％。

6. 存在问题

将本园营养分析情况与合理膳食要求进行比较，找出问题。

四、食堂环境与设施的卫生要求

食堂环境分外环境卫生和内环境卫生。

外环境卫生是指食堂周围 25 米之内应保持清洁，无杂物、无异味、无油污、无污染源，垃圾桶要加封盖，树丛、草丛、小水坑等可能滋生蚊蝇的地方，在夏秋季节要有专人定期喷洒杀虫药物。

内环境卫生是指食堂内的墙面、地面、门窗、台面、水池、地沟和所有设备的表面都要无污染、无灰尘、无杂物、无异味，所有的物品都要按指定的位置码放整齐，采取有效的防蝇、防鼠、防蟑螂措施，有效消除老鼠、蟑螂、苍蝇及其他有害昆虫及其滋生条件。加工与用餐场所(所有出入口)，设置纱门、纱窗、门帘，木门下端设金属防鼠板，排水沟、排气、排油烟口应有网眼孔径小于 6 毫米的金属隔栅或网罩，距地面 2 米高度可设置灭蝇设施。

食堂的设备设施布局应当合理，应有相对独立的食品原料存放间、食品加工操作间、食品出售场所及用餐场所。

设置专门的食堂管理员严格执行各项法律法规及规章制度，严格控制成人、幼儿库房分开管理。采购人员定点进货，必须索证。食品和食品添加剂有说明书和商品标志，并注明生产日期、批号、规格、主要成分、保质期限、食用或使用方法等。

五、饮食卫生要求

(一)环境整洁卫生，杜绝交叉污染

厨房环境整洁，设备设施完善，杜绝交叉感染。非厨房工作人员禁止进入厨房。有通风和防蝇、防鼠、灭蟑螂设备。保证操作间无苍蝇。

(二)库房卫生

库存食品应当分类，注有标识，注明保质日期，定位储藏。物品分类、分架摆放，生熟食品分开。有防蝇、防鼠、灭蟑螂设备。

(三)餐具及炊事用具的消毒

幼儿餐具专用，每餐后消毒。食品加工用具必须生熟标识明确，分开使用，定位存放。餐饮具、熟食盛器应在食堂或清洗消毒间集中清洗消毒，消毒后保洁存放。

餐具清洗设施齐全，有餐具清洗池、冲洗池，程序正确(去残渣、去油腻、冲洗、消毒、消毒柜存放餐具)，餐具消毒设备齐全，有蒸箱、消毒柜。餐具消毒时，消毒的温度、消毒的时间必须达到规定要求。餐具消毒后呈保洁状态，防止使用前的污染。

清洁用具专用，面案、菜案、餐具橱和地面要经常擦拭保持清洁。物品摆放到位，有固定、专用存放垃圾的容器。容器有盖，垃圾不能外溢和滴漏。

生熟盆专用并有标志，做到生熟分开，熟盆一餐一消毒，存放处一天一清擦消毒，擦锅擦板布分开专用。加工生熟食品所用的工(用)具分开，并有明显的标记。

(四)食品卫生质量

禁止加工变质、有毒、不洁、超过保质期的食物，不得制作和提供冷荤凉菜。留样食品应当按品种分别盛放于清洗消毒后的密闭专用容器内，在冷藏条件下存放 48 小时以上；每样品种不少于 250 克，以满足检验需要，并做好记录。

(五)人员卫生要求

食堂应具有有效的"餐饮服务许可证"。

炊事人员必须持有效三证上岗,托儿所、幼儿园工作人员健康证明书,餐饮行业人员健康胸卡和饮食行业人员培训胸卡,并定期参加各类业务技术学习和培训。

炊事人员要衣帽整齐不露长发,不留指甲;每日上岗前或接触食品前要洗手;分餐前穿戴专用的工作服、工作帽,在进入分餐间前应二次更衣,戴口罩;烹饪品尝时要另备小勺,严禁用操作工具品尝;如厕前脱掉工作服,便后用肥皂流动水洗手;严禁抽烟。

(六)进餐环境卫生

进餐环境应当卫生、整洁、舒适,保证幼儿情绪愉快。餐前做好充分准备,按时进餐,进餐过程中不擦地、不扫地、不铺床。

六、儿童饮食习惯培养

幼儿在饭前(约15分钟)不做剧烈活动,避免过度兴奋。餐前和进餐时要保证幼儿情绪愉快,专心进餐。进餐时,放舒缓的音乐,营造轻松、愉快的进餐氛围。

餐前组织幼儿用流动水洗手,做到随洗随吃,对年幼、体弱和吃饭慢的幼儿给予照顾和提出相应要求。

掌握进食量,每餐时间不少于20分钟,保证吃饱、吃好,教育幼儿充分咀嚼,不要过分催饭。对食欲不好的幼儿要分析原因,给予照顾。四岁以上幼儿应学会用筷子吃饭。

纠正偏食,培养幼儿不挑食的好习惯。

引导幼儿养成饭后擦嘴的习惯,三岁以上的幼儿饭后漱口或餐后刷牙。三岁以下幼儿饭后喝一口水以达到清洁口腔预防龋齿的目的。

帮助幼儿树立正确的健康观念,不吃或少吃油炸食品。少喝饮料,养成喝白开水的好习惯,最好不喝碳酸型或勾兑型饮料。

七、制度落实与监管

严格落实法律法规与制度,食堂定期进行自查,发现问题及时纠正。表3-19是北京市××幼儿园卫生应急管理领导小组职责分配表。

表 3-19　北京市××幼儿园卫生应急管理领导小组职责分配表

职务	姓名	电话	职责
组长	园长		负责卫生应急事件管理，全面负责组织、协调、调查、接待采访等工作
副组长	后勤主任		负责卫生相关管理工作，负责收集事件，病人情况，汇报给园长
副组长（食品安全管理员）	保健医		负责食品原料采购查验工作，负责提供日常从业人员相关培训档案材料
副组长	保健主任		负责突发公共卫生事件上报，现场控制和配合调查工作
副组长	保教主任		配合园长做好家长安抚工作

八、常用表格范例

详见第十节卫生保健管理工作记录相关范例表。

第九节　幼儿园儿童伤害预防与管理

一、儿童伤害的概念

伤害是一种突然发生的事情，它是生活中对人生命安全、健康及生活质量有严重威胁的一类情况。随着我国儿童传染性疾病、感染性疾病死亡率的明显下降，伤害死亡在儿童死亡中所占的比例明显增加。

我国妇幼卫生项目工作抽样调查显示，意外死亡已占 0～14 岁儿童死亡顺位的第一位，意外死亡人数占总死亡人数的 26.1％。对我国部分儿童意外伤害的调查结果表明，0～6 岁儿童意外伤害占 0～14 岁儿童意外伤害 60％～80％。

二、儿童伤害预防的意义

目前，北京市托幼机构开展的伤害监测是按照美国国家统计中心提出的"所谓伤害必须到医疗部门诊断或活动受限一日"的标准来进行统计的。符合下列三条标准之一者，纳入统计范围。

第一，因伤害导致到各类医疗单位就诊者；第二，因伤害虽未就诊，但未能上幼儿园一天及以上者；第三，由于伤害导致自己不能吃饭、穿衣、洗澡、上厕所、移动物体一天及以上者。

《幼儿园教育指导纲要（试行）》指出，幼儿园必须把保护儿童生命和促进儿童的健康放在首位。幼儿园面对的是判断能力、辨别能力和应变能力较弱的，但又充满好奇心的弱势群体，因此幼儿园要把安全防范工作放在重要位置，做好经常性的安全教育工作，提高保教人员的安全意识和责任心，避免和减少儿童伤害的发生，为幼儿提供安全健康的生存环境。

意外伤害是可防可控的，其干预措施效果立竿见影。儿童意外伤害的发生很多是由家长、教师和其他监护人缺乏保护儿童免受意外伤害的意识和知识所致。因此，提高家长、教师等对预防儿童伤害重要性的认识和卫生知识水平就显得尤为重要。

一旦发生一次意外伤害事故，轻者伤及肌肤，影响健康，重者造成残疾，甚至危及生命，给儿童、家庭、社会在精神上、肉体上、物质上造成的损失和痛苦是无法估量的。因此，预防儿童的意外伤害事故必须引起全社会广大保健、保教人员和家长的高度重视，防止意外伤害事故的发生。

三、儿童伤害的分类

（一）一般事故

在托幼机构中，由于儿童缺乏自身保护能力或受限于客观因素和条件等发生的擦伤、划伤、骨折、跌伤、脱臼、吞入异物等事故属于一般事故。托幼机构中发生的大多数是此类事故，应引起保教人员充分重视，尽量防止该类事故的发生。

（二）责任事故

凡由于保教人员责任心不强、照顾儿童不细心、擅离岗位、不执行安全制度或园所内其他规章制度而发生的服错药、食物中毒、煤气中毒，以及烧（烫）伤，儿童被冒领、走失，把儿童遗忘在空房间里，高处坠落，体罚，触电，溺水等事故，经积极采取措施未造成重大伤害的，为责任事故。

（三）重大责任事故

导致儿童死亡、残疾、重要组织器官损伤或增加儿童严重痛苦的事故，为重大责任事故。这类事故发生例数较少，但性质严重，后果危害很大，必须引起高度重视，杜绝事故发生。

四、儿童伤害预防的有效管理

（一）建立安全管理制度预案

幼儿园应当建立重大自然灾害、食物中毒、踩踏、火灾、暴力等突发事件的应急预案，如果发生重大伤害时应当立即采取有效措施，并及时向上级有关部门报告。

案例 ××幼儿园应急预案

　　根据《中华人民共和国教育法》《中华人民共和国未成年人保护法》和中华人民共和国教育部令第12号《学生伤害事故处理办法》的有关规定，结合我园的实际情况，现制定以下应急预案。

　　一、儿童伤害事故处理领导小组成员

　　组长：×××

　　组员：×××　　　　　×××

　　二、儿童伤害事故处理相关人员工作内容及要求

　　第一，提高认识，加强领导。积极做好儿童伤害事故预防和应急处理工作，确保幼儿人身安全。（责任部门：儿童伤害事故处理领导小组）

　　第二，认真落实安全工作责任制，做好幼儿教育教学活动和幼儿园组织的校外活动，以及园内的园舍、场地、其他教育教学设施、生活设施的安全工作。（责任人：后勤主任、保健医）

　　第三，加强幼儿安全防范的宣传教育工作，提高幼儿的安全防范意识和自我保护意识。（责任人：保健医、各班班师）

　　第四，幼儿园要加强对园舍、场地教育教学设施、生活设施的安全检查，对检查出的问题要及时整改，不留隐患。（责任人：后勤主任、保健医）

　　第五，幼儿园在组织教育教学活动或者组织幼儿园校外活动时，要牢固树立"安全第一"的思想，精心组织、周密安排，做好每个环节的安全工作，做好各项安全防范措施，严格履行安全职责，确保不发生儿童伤害事故。（责任部门：儿童伤害事故处理领导小组）

　　第六，儿童伤害事故发生后，依法处理幼儿伤害事故，保护幼儿、幼儿园的合法权益。（责任人：后勤主任、保健医）

　　第七，保证信息畅通，严格执行报告制度。（责任人：园长）

　　三、儿童伤害事故处理相关人员工作职责

　　发生儿童伤害事故，幼儿园应当及时救助受伤害幼儿并及时告知幼儿的监护人；有条件的应当采取紧急救援等方式救助。发生儿童伤害事故情况严重的，幼儿园应当及时向教育部、社会发展局及有关部门报告。儿童伤害事故处理领导小组向领导汇报后，迅速组织或协调有关部门及人员赶赴现场指导协助教师进行事故的处理工作，尽快恢复学校正常的教育教学秩序。儿童伤害事故发生后，幼儿园与受伤害幼儿家长，按照《学生伤害事故处理办法》的规定，妥

善地处理伤害事故。事故处理结束应当将事故处理结果书面报告教育部、社会发展局安全办。根据以上指导思想，我园做出了以下具体分工。

第一，第一发现人应立即向儿童伤害事故处理领导小组报告。

第二，保健医接到通知后应第一时间赶到现场进行应急处理工作。

第三，园长负责分配其他人员工作，并清理现场、疏散围观人员，把人员安置到安全地方。

第四，遇到较大的儿童伤害时，需及时呼叫120，把伤员人数、致伤原因、详细地址、联系电话详报给医务人员，并在电话机旁等候。（负责人：×××）

第五，由班长通知家长。

第六，业务园长、后勤主任排查事故原因并避免其他人员遇险。

第七，由财务人员××准备好急救资金。

第八，由保教主任指导各班教师做好其他幼儿的安抚工作，保证其他幼儿安全。

四、跟进管理

第一，幼儿园儿童伤害事故处理领导小组要在第一时间调查发生严重伤害事故及突发性事件的原因，进行处理改善，加强防范，并建立档案，迅速切断严重伤害事故及突发事件的发生。

第二，对住院治疗的幼儿进行跟进，了解病情，配合有关部门做好调查及善后处理工作。

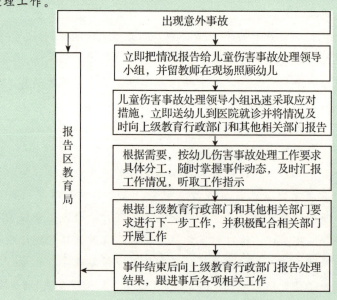

案例　儿童伤害事故处理

　　某大班的一名幼儿在早锻炼的时候，由于鞋子不合适，在走路的时候摔倒在地上，当时教师发现了，及时把保健医叫了过去。保健医看了看，问幼儿腿疼不疼等，保健医初步诊断骨头没有受到伤害，但是幼儿比较胆小害怕，说自己不能走路等，要求去医院，与此同时教师立即通知了家长。幼儿妈妈来到幼儿园，见到孩子也说不用去医院。可是幼儿就是要去医院，然后保健教师等人一起陪同幼儿去医院。到医院后经过医生的诊断证明没有伤到骨头，幼儿不再害怕了，教师和家长也都放心了。通过这件事反映出，教师在遇到儿童伤害事件时一定要高度重视，不能随意处理。

（案例提供者　张燕）

（二）加强日常安全落实、检查和反馈

1. 加强设施安全

　　例如，窗户、阳台安装一定高度的护栏或护网；不要购置较高的双层床铺，避免幼儿睡觉时跌落；购置的幼儿用桌椅的边缘要圆滑，木质的桌椅、柜子、大型户外玩具等要定期进行检查，发现毛刺要及时进行更换或修理。

2. 加强设备使用安全

　　大型玩具，如滑梯、攀登架等应经常检查，如有损坏及时修理，年久失修不能使用的玩具要停止使用。大型玩具最好设在草坪上，其周围一米内不应有其他物体。

　　要经常检查电器、电线是否漏电。室内电器插座应安装在 1.6 米以上，电线用暗线以免幼儿接触。

　　幼儿园在冬季用暖气片或电暖气取暖时，应给这些设备安装防护罩。

　　睡床不要紧靠窗户摆放。

　　定期检查各种大型玩具和体育器材，发现问题应立即停止使用，及时修理加固，防止意外事故发生。

3. 加强卫生安全

　　幼儿玩具要符合安全卫生要求，凡是有棱角、尖角、缺口、木刺，易脱色，不易清洗、消毒的玩具都不宜给幼儿玩。

　　楼梯台阶地面不要过于光滑，光线要明亮。

盥洗室地面应保持干燥，有水及时擦干，防止滑倒。

4. 加强环境安全

注意门窗安全。楼房的窗户要安装栏杆，阳台栏杆间隔不要超过幼儿头部宽度，防止头伸出栏杆卡住。去阳台的门平时要关好，锁住。房间门不要装有弹簧，避免碰伤幼儿。

园所不种植带刺的植物。

户外活动场地定期检查修缮。

(三)加强各类人员的教育与培训

1. 家长

①要教育幼儿站在攀登架或其他大型玩具上时，不要互相打闹、推拉，以免摔伤。

②要教育幼儿不带小刀、玻璃片(碗片)、铁片、钉子等危险物品到幼儿园。

③注意不要给幼儿穿着带有金属装饰或绳子的衣服。

④要教育幼儿不要把棉花、豆、纸团等物塞进鼻、耳里。

2. 教师

(1)责任

①教师对幼儿要细心照顾，动作要轻柔。幼儿关节、韧带、骨骼尚未发育完善，需要轻拉、轻抱，避免脱臼或骨折。

②睡床必须有栏杆，幼儿睡觉时教师不要离开房间，需经常巡视以免被子、塑料布等捂住幼儿口、鼻造成窒息。

③拿热汤或开水壶时要注意周围有无幼儿跑过来。给幼儿热饭、热菜时注意温度，饭盆不要经过幼儿头上，不要将热汤桶放在幼儿附近。

④药物妥善保管，消毒药、外用药和内服药要分开放在幼儿拿不到的地方，避免误服中毒。消毒药严禁放在幼儿的卧室和活动室。

⑤口服药给药前要仔细核对姓名、药名，对年龄小的孩子要将药片压碎喂服或看着服下去。

⑥装有药品的瓶子不要让幼儿拿着玩。

(2)安全检查

①要教育幼儿不带小刀、玻璃片(碗片)、铁片、钉子等危险物品到园所。入园时要检查口袋。

②卫生保健人员要做好晨午检，保教人员协助保健人员做好晨午检工作，避

免出现口含食物的现象。

（3）提醒

①提醒幼儿哭泣时不要吃东西。

②班级在使用剪刀等危险性工具时，教师要注意教幼儿掌握基本的操作技能和要领。手工课活动时，幼儿用的铅笔应由教师帮助其削好或让幼儿用安全性能好的转笔刀。提醒幼儿不要拿削好的铅笔尖对准自己或其他小朋友乱捅。

③每次手工活动结束后，教师要及时将剪刀等尖锐工具及时收进工具盒，告诉幼儿不能拿着剪刀、铅笔乱跑。

④在每天的活动中教师要随时提醒幼儿不要在门口停留、玩耍，不要把开、关门窗作为游戏，以免被门窗打伤或被门窗夹伤手指。

⑤教师要提醒幼儿进食时避免哭闹、说笑，饮水时不能一边喝水一边活动，以免因呛水而窒息。

（四）加强预防与监管

在儿童伤害的预防工作中，要加强对各类人员的安全教育，以预防为主，保证环境设施的安全性，并及时监管出现的各种问题，避免儿童伤害的发生。

1. 环境

①班级玩具不要投放玻璃球、小串珠、小纽扣和小塑料珠等危险材料。

②为幼儿准备洗手、饮用水时要注意水温。

③暖壶放在幼儿拿不到的地方。

④园内水果刀、剪刀、大头针等要放置在幼儿拿不到的地方。

⑤活动室内的贴花不要用图钉或大头针固定。

⑥园内的火柴、打火机、热汤、热粥、热水壶、电饭锅、热水器以及消毒液、漂白剂等腐蚀性物品放在幼儿拿不到的地方。

⑦不提供坚果类食物。

2. 人员

①新入园幼儿要有专人看管。

②教育幼儿不离开集体，外出时教师要及时清点人数，以防丢失。

③幼儿离园后，要指定专人到各屋检查，确定没有留下幼儿再锁门下班。

④室外活动时，保教人员要整理好幼儿的衣裤和鞋带，防止误踩造成摔伤。

⑤教师要以身示范各种大型玩具的玩法，如"蹦蹦床"等，严格看护好聚集在大型玩具处的所有幼儿，避免幼儿相互碰、压而导致骨折。

第十节　卫生保健管理工作记录

一、卫生保健管理工作指标

卫生保健管理工作指标见表 3-20。

表 3-20　卫生保健管理工作指标

指标		级类指标要求		
		一类园	二类园	三类园
工作指标	0～6 岁保健覆盖率	98％		
	0～6 岁保健管理率	城区 95％、农村 90％		
	大体检率	98％		
	入园体检率	100％		
	视力检查率	90％		
	弱视矫治率	100％		
	龋齿矫治率	高于年计划要求	高于年计划要求	基本达到年计划要求
	体质测试率	95％	90％	85％
	由专业医生完成的口腔检查率	80％		
	工作人员持证上岗率	100％		
儿童健康指标	身高(身长)、体重增长率	100％	99％	98％
	身高(身长)、体重增长合格率	90％	90％～85％	85％～75％
	贫血患病率	＜1％	1％～3％	3％～5％
	营养不良患病率	＜1.5％	1.5％～2％	2％～3％
	传染病发病率	无暴发，无消化道传染病，＜5％	无暴发，5％～10％	无暴发，10％～15％
	新龋率	＜25％	25％～35％	35％～40％
	视力不良发生率	低于本区去年平均水平	为本区去年平均水平	高于本区去年平均水平(在 5％内)
	视力不良矫治率	95％	90％	85％
	肥胖儿患病率	低于本区去年平均水平		
	儿童体质测试及格率	95％	90％	85％
	严重事故发生率	＜0.1/10 万小时(严重事故为窒息、溺水、触电、走失、失明、死亡、骨折、脑震荡、缝合 10 针以上) 严重事故发生率＝[1～12 月严重事故例数/(同期出勤总人数×9 小时)]×100000/100000 小时		

二、卫生保健登记册

卫生保健登记册详见表 3-21 至表 3-32。

表 3-21 晨午检及全日健康观察记录登记册(一)——保健医填

日期	姓名	班级	晨午检情况 (家长主诉与检查)	全日健康观察 (症状与体检)	处理	检查者

使用说明:

1. 此登记册供园所卫生保健人员使用,为卫生保健人员对儿童日常疾病处理的记录。

2. 记录晨午检和全日健康观察中发现的儿童日常疾病处理。

3. 记录时间:每日填写及随时发生的异常情况与处理。如无异常,要记录"无异常"。

表 3-22 交接班登记册(二)——教师填

年　　月　　日

上午主班老师姓名	应到人数	实到人数	下午主班老师姓名	接班儿童数	出园儿童数
上午情况					
下午情况					
夜班情况					

使用说明:

1. 此登记册由班上保教人员负责记录。

2. 记录内容包括儿童出勤情况,晨、午、晚检及全日健康观察中发现的与儿童健康有关的问题(精神状态、饮食、睡眠、大小便、服药、外伤等)以及全托夜班情况。

3. 记录应有发生实际、幼儿转交及处理结果。

4. 每半日交接班时记录。

表 3-23 健康教育与家长联系册(三)——保健医填

日期	地点	对象	形式	内容

使用说明:

1. 由保健医负责填写。

2. "对象"为儿童、家长、教职工等。

3. "形式"为宣传专栏、咨询指导、讲座、培训、发放健康教育资料等。

4. "内容"指卫生保健人员指导的各项健康教育活动及家长联系的主要内容。

5. 每次活动后及时登记。

表 3-24　疾病及传染病防控工作登记册(四)——保健医填

日期	目的	对象及范围	防控方法或措施	执行者

使用说明:

1. 填写内容包括传染病的防控措施、免疫规划外的疫苗接种情况、班级或全园进行的相关疾病预防情况(防龋、防暑工作)。

2. "防控方法或措施"包括使用方法、剂量及疗程的记录。

表 3-25　儿童膳食委员会会议记录登记册(五)——保健医填

时间:
出席会议人员:
主持人:
会议议题:
决议:
会议主要内容:

使用说明:

1. 由负责召开膳食委员会会议的人员记录。

2. "会议议题",简单注明主要讨论及需解决的问题。

3. "会议主要内容",记录围绕会议议题讨论的主要内容。

4. 每月一次会议时进行记录。

表 3-26　体弱儿及肥胖儿登记册(六)——保健医填

姓名	性别	年龄	首次体检日期及结果	分类名称	建专案		采取措施与复查	转归与结案日期
					是	否		

使用说明:

1. 全园的体弱儿与超重、肥胖儿应全部记录在此登记册上。

2. "建专案",对需要建立专案的体弱儿、肥胖儿在相应的表格内画"√",后面的项目不用填写。

3. 每次幼儿园定期健康体检、新生入园体检中发现体弱儿及超重、肥胖儿时填写。

表 3-27　儿童伤害与事故登记册(七)——保健医填

儿童伤害登记							
班级	儿童姓名	性别	伤害情况(一)				
			日期	时间	地点	性质	部位

伤害情况(二)														
医院就医	因伤休息一天以上	因伤导致功能受损	类型											
			交通事故	跌伤	被下落物击中	锐器伤	钝器伤	烧烫伤	溺水溺死	动物伤害	窒息	中毒	电击伤	他伤/攻击伤

使用说明:

1. 在地点、性质及部位中填写相应的序号;在统计范围及伤害类型栏中画"√"。

地点:①活动室,②操场,③盥洗室,④楼道(包括上下楼梯),⑤其他(要求注明)。

性质:①无意伤害,②有意伤害(自己/他人),③不确定。

部位:①头面部,②眼部,③牙齿,④上肢(手),⑤下肢(脚),⑥腰背部,⑦胸腹部,⑧其他(注明)。

2. 符合下列三条标准之一者,纳入统计范围:

①因伤害导致到各类医疗单位(包括医院、保健中心、诊所、卫生室)就诊者;②因伤害虽未就诊,但未能上幼儿园一天及以上者;③由于伤害导致伤者自己不能吃饭、穿衣、洗澡、上厕所、移动物体一天及以上者。

3. 时间:用 24 小时计时法。

儿童事故登记

姓名		性别		年龄		班级	
事故发生的地点			事故发生时的活动				
损伤的部分			损伤恢复时间				
愈后			当班责任人				
简述事故发生经过							
医疗处理							
分析(事故性质)							
园领导意见							

使用说明:

1. 由保健医负责填写。

2. 登记范围包括在园内发生的意外事故。

3."事故发生的地点""事故发生时的活动""损伤的部位"均要求具体描述,"损伤恢复时间"填写疗程。

表 3-28 传染病登记册(八)——保健医填

姓名	性别	班级	传染病名称	发病日期	痊愈日期	记录人

使用说明:

1. 由保健医负责填写。

2. 登记范围为在册儿童(不论何时何地)。

表 3-29　大型玩具检查登记册(九)——保健医或园内负责检查者登记

大型玩具名称		玩具摆放地点		贴玩具照片
投入使用时间		重点检查部位		
检查时间		检查记录		检查人

使用说明:

1. 由卫生保健人员或园内负责检查者登记。按各种大型玩具分别填写,如园内有 5 种玩具,将整个表册分成 5 份,进行填写。

2. "检查记录",填写检查中发现的问题及处理结果。

3. 每月检查时填写一次,平时发现问题时填写。

表 3-30　视力矫正登记册(十)

姓名	性别	年龄	首次视力检查			两周后视力复查			医院检查					矫治情况
			日期	右眼	左眼	日期	右眼	左眼	检查日期	医院名称	右眼	左眼	确诊名称	

使用说明:

1. 登记范围为体检视力筛查异常的儿童。

2. 医院检查与矫治情况在该年度 8 月底统计。

表 3-31　视力复查记录

视力复查			视力复查			视力复查			视力复查			备注
日期	右眼	左眼	日期	右眼	左眼	日期	右眼	左眼	日期	右眼	左眼	

使用说明:

1. 由保健医负责填写。

2. 登记范围为医院确诊的视力异常的儿童或没有去医院确诊的由卫生保健人员筛查出的视力异常的儿童。

3. 每三个月进行一次视力的复查。

表 3-32　紫外线消毒灯使用登记册

日期	消毒地点	消毒原因及对象	使用时间	累计作用时间

使用说明:

1. "消毒地点",填写卫生室、活动室、卧室等。

2. "消毒原因",填写日常常规消毒、发生传染病消毒等。

3. "消毒对象",填写物品、室内空气、桌面等。

三、卫生保健登记表

卫生保健登记表见表 3-33 和表 3-34。

表 3-33　身高/体重登记表

序号	姓名	性别	出生日期	年 月 日						年 月 日							年 月 日					
				年龄	体重	W/A	身高	H/A	W/H	年龄	体重	W/A	增长	身高	H/A	增长	W/H	年龄	体重	W/A	增长	身高	H/A	增长	W/H
1																					
2																					
3																					
……																					

使用说明：

此表填写每年 6～8 月体检数据。

表 3-34　北京市托儿所、幼儿园儿童出勤登记表

班级　　　　　　　　　　　　　　　　　　　　　　　　　　　　　年　月

序号	姓名	日期							病假	事假	其他	备注
		1	2	3	……	29	30	31				
1												
2												
……												

使用说明：

1. 此表由班级教师填写。

2. "√"代表出勤，"⊗"代表病假，"⊖"代表事假。缺勤儿童先画"○"，待三天内查明原因后补全相应的符号。

四、卫生保健统计表

卫生保健统计表详见表 3-35 至表 3-42。

表 3-35　出勤统计表

　　　　　　　　　　　　　　　　　　　　　　　　　　　　　　　　　　年

月份	在册人数	应出勤天数	应出勤人次数	实际出勤人次数	出勤率（%）	出勤分析		
						病假人次	事假人次	其他人次
9 月								
10 月								

续表

月份	在册人数	应出勤天数	应出勤人次数	实际出勤人次数	出勤率（％）	出勤分析		
						病假人次	事假人次	其他人次
11月								
……								
7月								
8月								
合计								

使用说明：

1. 凡有寒暑假的园所，全年出勤率的统计不包括1月、2月、7月、8月。

2. 年出勤率＝（全年实际出勤人次数/全年应出勤人次数）×100％。全年应出勤人次数为各月应出勤人次数之和。

月出勤率＝［当月实际出勤人次数/（当月在册人数×当月应出勤天数）］×100％。

表 3-36　体格发育统计表

年

年龄组	应查人数	实查人数	检查率（％）	年龄别体重（W/A）					年龄别身高（H/A）					身高别体重（W/H）					备注
				上	中上	中	中下	下	上	中上	中	中下	下	上	中上	中	中下	下	
0～1岁																			
1～2岁																			
2～3岁																			
……																			
5～6岁																			
6～7岁																			
合计																			

使用说明：

填报每年3～8月体检结果。

表 3-37　身高/体重增长统计表

年

年龄组	可比人数	身高、体重均增长的人数	增长率（％）	身高增长5厘米体重增长1.6千克人数	增长合格率（％）	备注
0～1岁						
1～2岁						
2～3岁						
……						

续表

年龄组	可比人数	身高、体重均增长的人数	增长率（％）	身高增长5厘米体重增长1.6千克人数	增长合格率（％）	备注
5～6岁						
6～7岁						
合计						

使用说明：

1. 填报每年3～8月体检结果。

2. "可比人数"，有两年同期对比测量数值的人数，应剔除 W/H≥M+2SD 的人数。

3. 增长率＝增长人数/可比人数×100％。

4. 增长合格率＝体重身高均增长合格人数/可比人数×100％。

表 3-38　营养不良性疾病及肥胖统计表

年

年龄组	佝偻病				贫血				营养不良				超重及肥胖	
	实查人数	早期	活动期	恢复期	实查人数	轻度	中度	重度	实查人数	低体重	消瘦	生长迟缓	超重人数	肥胖人数
0～1岁														
1～2岁														
2～3岁														
……														
5～6岁														
6～7岁														
合计														

使用说明：

填报每年3～8月体检结果。

表 3-39　统计指标

年

佝偻病患病率＝（活动期及恢复期患病人数/0～2岁受检人数）×100％	0～2岁儿童佝偻病患病率＝_____×100％＝_____％
贫血患病率＝（贫血患病人数/实查人数）×100％	0～2岁贫血患病率＝_____×100％＝_____％
	3～6岁贫血患病率＝_____×100％＝_____％
	全园贫血患病率＝_____×100％＝_____％

营养不良患病率＝（营养不良患病人数/实查人数）×100％	0～4岁营养不良患病率＝_____×100％＝_____％
	全园营养不良患病率＝_____×100％＝_____％
某类营养不良患病率＝（某类营养不良患病人数/实查人数）×100％	低体重患病率＝_____×100％＝_____％ 消瘦患病率＝_____×100％＝_____％
	发育迟缓患病率＝_____×100％＝_____％
超重患病率＝超重人数÷检查人数×100％＝_____％	
肥胖患病率＝肥胖人数÷检查人数×100％＝_____％	

表 3-40　五官保健统计表

年

	年龄组	应查人数	实查人数	检查龋齿		新生龋齿人数	新龋可比人数	矫治龋齿		患龋率（％）	龋均	新龋率（％）	矫治率（％）	
				人数	颗数			人数	颗数				人	牙
口腔	2 岁													
	3 岁													
	……													
	5 岁													
	6～7 岁													
	合计													

	年龄组	应查人数	实查人数	园内检查低常人数	医院确诊			视力低常		视力矫治		沙眼	
					就诊人数	低常人数		人数	比率（％）	人数	比率（％）	患病人数	矫治人数
						弱视	其他						
眼	4 岁												
	5 岁												
	6～7 岁												
	合计												

	年龄组	在册儿童人数	听力筛查人数	筛查未通过人数	听力损失人数（既往）	医院确诊			备注
						就诊人数	听力障碍人数	矫治人数	
听力	1岁								本表内数字以8月31日为准
	2岁								
	……								
	5岁								
	6～7岁								
	合计								

使用说明：

1. 此表来源于6～8月体检结果汇总。

2. 口腔。

可比人数为与去年同期对比口腔检查结果的人数。

新生龋人数为与去年同期对比口腔检查结果出新生龋的人数。

患龋率＝（检出龋齿的人数/实查人数）×100％。

龋均＝检出龋齿的总人数/实查人数。

新龋率＝（可比人数中当年新龋发生人数/可比人数）×100％。

矫治率＝（矫治人数/检出龋齿人数）×100％。

3. 眼。

视力低常率＝（视力低常人数/实查人数）×100％。

视力低常人数＝医院确诊视力低常人数＋保健医确诊视力低常但未去医院就诊人数。

视力矫治率＝（矫治人数/视力低常人数）×100％。

矫治人数为经医院确诊低常并进行矫治或观察人数。

表 3-41 儿童疾病统计表

年度	呼吸系统疾病					消化系统疾病		其他		
	总计	肺炎	上呼吸道感染	气管炎		总计	腹泻			

使用说明：

1. 表中疾病栏的空格可根据园所内发病情况补充填写。

2. 此表统计按照学年进行（上年9月至当年8月）。

表 3-42　传染病发病统计表

年至　　　年

年度	在册人数	肝炎						各类传染病总计	
		人数	发病率（%）	人数	发病率（%）	人数	发病率（%）	人数	发病率（%）

使用说明：

1. 纵标目中传染病的名称由各园根据本园实际发生传染病情况填写。

2. 在册人数以全年平均在册人数为标准，此表统计按照学年进行（上年 9 月至当年 8 月）。

3. 传染病发病率＝（年内发病例数/在册人数）×100％。

五、其他样表

其他样表见表 3-43 至表 3-50。

表 3-43　××幼儿园幼儿饭菜质量监测表

日期	餐点	主食（米饭、面食）							菜							汤和粥							监测人
		软	硬	合适	甜	咸	合适	量	咸	淡	合适	油大	油少	合适	量	稠	稀	合适	咸	甜	合适	量	
备注																							

使用说明：

"量"，①过多，②偏多，③适中，④偏少，⑤过少。

表 3-44　××幼儿园班级卫生检查评比表

年　　月　　日

检查项目 ＼ 扣分情况 ＼ 班级	樱桃	金鱼	阳光	小熊	海星	小鹿	贝壳	棒棒糖	乐乐	海螺	米奇	彩虹	食堂	办公区	东楼	西楼
地面干净无污渍、水渍（20 分）																
门、窗台、窗框、窗槽、开关、墙壁等清洁、无污渍（10 分）																
衣柜、毛巾柜、水杯柜、角柜、药品柜、电视投影、玩具柜、钢琴、办公桌等清洁、无污渍和尘土（20 分）																
桌椅、玩具、图书等物品摆放整齐、有规律（10 分）																

续表

检查项目　　　扣分情况　　　班级	樱桃	金鱼	阳光	小熊	海星	小鹿	贝壳	棒棒糖	乐乐	海螺	米奇	彩虹	食堂	办公区	东楼	西楼
垃圾桶外壳、内胆清洁，无异味，及时倾倒垃圾(5分)																
按要求使用消毒液，消毒液配比方法、浓度正确(5分)																
便池、水池等各类水池干净、无水渍、无污迹(10分)																
午点碗、勺、水杯、毛巾消毒和保洁（10分）																
幼儿寝具的摆放整齐，床上无异物(10分)																
合计(100分)																

使用说明：

1. 扣分基础为1分，视严重程度扣分。

2. 每周检查一次。

3. 东楼和西楼为保洁卫生区，包括绘画室、会议室、备课室、成人卫生间、东西楼道及墙面、活动区、玩具柜等公共区域。

表 3-45　××幼儿园×年×月厨房消毒记录

名称	1	2	3	4	5	6	7	8	9	10	11	12	13	14	15	16	17	18	19	20	21	22	23	24	25	26	27	28	29	30	31
盘																															
碗																															
勺																															
筷子																															
盆																															
汤桶																															
菜刀																															
菜板																															
盖布																															
电梯																															
桌面																															
餐车																															
水池																															
操作人																															

表 3-46　××幼儿园食堂食梯消毒记录表

年

日期	时间	执行人	日期	时间	执行人	日期	时间	执行人

使用说明：

"时间"填写餐前消毒时间几点几分。

表 3-47　××幼儿园留点温度计测试厨房内消毒柜记录

单位：℃

日期	位置	测试结果	日期	位置	测试结果

表 3-48　××幼儿园分餐间紫外线消毒灯使用登记表

日期	使用时间	累计时间	擦拭记录	日期	使用时间	累计时间	擦拭记录

使用说明：

1. 每餐前消毒，使用时间为 1 小时。

2."累计时间"为上次共使用时间＋这次使用时间。

3."擦拭记录"为每周用酒精擦拭灯管一次，擦拭后画"√"。

表 3-49　××幼儿园食品留样记录

日期		菜名	制作时间	制作人	留样人	清理人及时间
	早餐					
	午餐					
	晚餐					
	水果					

表 3-50　食品安全检查记录表

日期：

项目	存在问题	措施
食堂卫生情况		
食品验收情况		
出入库食品安全情况		
库内食品安全情况		
清洗消毒情况		
食品留样情况		
操作规范情况		

第四章 卫生保健工作评价的管理

幼儿园卫生保健制度中，对卫生保健工作的考核与评价也是重要的一个环节，应当引起管理者足够的重视。无论是管理者还是各部门成员，都应该要落实卫生保健工作的职责，保证整个卫生保健体系能够有序、高效地运转。通过对卫生保健工作评价的管理，可以便于管理者及时了解园所卫生保健工作的落实情况，并有针对性地进行指导。同时，对园所卫生保健工作进行阶段性评价与定期检查，也为下一阶段的卫生保健工作计划的制订提供有力的支撑。

第一节 卫生保健工作人员评价

幼儿园的卫生保健工作涉及面广、工作要求高、工作难度大。卫生保健工作人员既是卫生保健制度的执行者，也是各项卫生保健工作的组织者，更是园长管理和指导的参与者，因此抓好对卫生保健工作人员的评价与管理是非常重要的。

一、卫生保健工作人员评价的意义

园长作为园所卫生保健工作的第一责任人，设立考核小组，定期对卫生保健工作人员进行考评，是为了各部门成员能够积极落实卫生保健工作十项制度，按照要求配备软硬件，为幼儿在园期间的生命健康提供保障。卫生保健工作人员要经常深入保教一线，定期检查、指导，及时向园长反馈、与园长交流，成为协助园长组织实施有关卫生保健制度并监督执行落实的得力助手，从而提高全园卫生保健工作的精细化水平。

二、幼儿园卫生保健工作人员评价的途径与方法

园长及卫生保健部门工作人员定期巡查，互相监督，及时发现问题，并予以指导，定期向上级领导汇报工作。

建立评价表格，以自评和他评的方式定期进行评价与反馈，做到公平、公

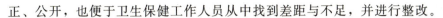

正、公开，也便于卫生保健工作人员从中找到差距与不足，并进行整改。

上级部门对园所卫生保健部门进行相关工作的检查，并及时进行评价与反馈，以便园所更好地开展卫生保健工作。

三、幼儿园卫生保健工作人员的基本要求

由于幼儿园工作的特殊性，我们面对的是年幼无知的孩子，他们的危机意识还不健全，这就更加要求卫生保健工作人员有爱心、有耐心、热爱儿童，并受过儿童保健专业训练，有一定的专业知识水平，责任心强，工作热情，能够认真遵守托幼机构的各项规定和纪律，并且能够听从指挥，虚心接受批评和指正，不断地改进工作，确保幼儿的生命安全。

(一)对卫生保健工作人员的个人卫生要求

不论是行政管理人员、保健室老师还是班级教师，都应该做到保持仪表整洁，言行举止、仪容仪表符合工作规范，工作时间不戴戒指，不化浓妆，不穿高跟鞋，不随地吐痰，不吸烟，树立、保持良好形象。

(二)对卫生保健工作人员的思想建设要求

卫生保健各部门成员应该具备一定的责任意识、担当意识和大局意识，对待工作高度负责；遵守党风、党纪，廉洁开展各项工作；能够精神饱满地参加工作，不做任何违纪违规之事。

(三)对卫生保健工作人员的业务能力要求

园长对卫生保健工作负总责。园长要接受卫生保健工作管理培训，熟悉卫生保健业务，建立健全的卫生保健工作管理制度，严格执行人员培训和定期卫生检查、考核制度。

卫生保健各部门工作人员应各司其职，实行各类人员卫生保健岗位责任制。人员上岗前需经规定时间的专业知识培训，具备一定的专业性；能够贯彻并执行上级部门关于幼儿园卫生保健工作的方针、政策、法律法规和标准；配合园长共同参与制定园所卫生保健工作规划以及具体措施，做到有的放矢，有计划地开展工作；指导幼儿园卫生保健工作的开展，建立完善各项管理制度和操作常规、工作流程；制定质量评价标准考核制度；及时、准确完成各类报表的审核、汇总、分析、纠正、改进及资料的归档工作，做到资料管理规范化；定期向上级进行工作汇报与总结。

在幼儿保健方面，卫生保健各部门工作人员要监督卫生保健常规的落实，抓

好幼儿系统保健管理工作，做好幼儿五官保健、体弱儿管理，开展体质测试监测，推广适宜的幼儿保健管理技术，除此之外，要经常检查户外活动，有效促进幼儿身体素质、体格增长的发展，按时完成各项工作。要掌握全园幼儿体格发育状况及幼儿传染病发病情况，针对影响因素，提出解决方案，能主动根据季节及阶段性传染病进行相应的预防及处理措施。促进幼儿生长发育及心理卫生保健，防止疾病流行和意外伤害的发生，保护、促进儿童身心健康。对于幼儿常见病要进行正确的处理，做好意外事故的防范与急救工作，定期向各班教师进行安全知识教育及急救知识教育，避免幼儿发生触电、烫伤、烧伤、砸伤、摔伤等事故。把好幼儿服药关，做好幼儿预防接种的安全工作。

在环境卫生方面，卫生保健各部门工作人员协助园长负责保育员相关培训工作，监督、指导保育员工作常规的落实；科学制定幼儿园卫生消毒规范，对环境卫生、消毒工作操作规范执行情况进行监督、管理及指导，对发现的问题及时汇报，提出改进意见。

在膳食管理方面，卫生保健各部门工作人员对食品卫生制度的落实及食堂卫生状况、卫生操作规范执行情况、幼儿膳食营养进行监督、管理及咨询指导，按照幼儿生长发育制订科学、营养的幼儿带量食谱。

在宣教工作方面，卫生保健各部门工作人员要有计划地指导家长和教师科学育儿，具备一定的沟通能力，使得家长的满意度高、信赖感强。

第二节　卫生保健工作的评价与反馈

一、卫生保健工作评价的意义

对卫生保健工作质量的评价主要是针对园所卫生保健各项工作的综合性评价，园所卫生保健工作的主要任务是贯彻预防为主、保教结合的工作方针，为集体幼儿创造良好的生活环境，预防控制传染病，降低常见病的发生率，培养幼儿健康的生活习惯，保障幼儿的身心健康。幼儿园卫生保健工作评价体现在幼儿一日生活的各个方面，是从侧面对各部门工作人员卫生保健工作质量的反馈，并能够进一步规范幼儿园的卫生保健工作，更好地保障在园幼儿的身体健康，为提高幼儿卫生保健工作质量，确保幼儿身心健康奠定良好基础。

二、卫生保健工作评价的途径与方法

主要是利用量表评价的方法，针对幼儿园卫生保健工作质量的各个指标进行

评价。通过对幼儿园各项卫生保健工作的落实情况进行现场查看和对相关资料进行审核的方式，针对存在的问题，提出相应的指导和整改意见。

三、卫生保健工作的评价指标

幼儿园卫生保健工作主要包括卫生室或保健室设置、卫生保健人员配备、健康检查、卫生消毒和传染病防控、体格锻炼、幼儿膳食、健康教育、伤害预防、信息管理等工作。园所卫生保健工作管理人员应结合本园实际情况，制定合理的、适于本园园情的评价指标，并不定期地进行现场查看，以明确园所卫生保健工作的落实情况，以及下一阶段的目标。

附 录

附录一 儿童体格生长发育标准

附表 1-1 3～6岁男童身高/年龄、体重/年龄标准

年龄		身高（厘米）							体重（千克）						
岁	月	−3SD	−2SD	−1SD	中位数	+1SD	+2SD	+3SD	−3SD	−2SD	−1SD	中位数	+1SD	+2SD	+3SD
	0	85.0	88.7	92.4	96.1	99.8	103.5	107.2	10.0	11.3	12.7	14.3	16.2	18.3	20.7
	1	85.5	89.2	93.0	96.7	100.5	104.2	108.0	10.1	11.4	12.9	14.5	16.4	18.6	21.0
	2	86.0	89.8	93.6	97.4	101.2	105.0	108.8	10.2	11.5	13.0	14.7	16.6	18.8	21.3
	3	86.5	90.3	94.2	98.0	101.8	105.7	109.5	10.3	11.6	13.1	14.8	16.8	19.0	21.6
3	4	87.0	90.9	94.7	98.6	102.5	106.4	110.3	10.4	11.8	13.3	15.0	17.0	19.3	21.9
	5	87.5	91.4	95.3	99.2	103.2	107.1	111.0	10.5	11.9	13.4	15.2	17.2	19.5	22.1
	6	88.0	91.9	95.9	99.9	103.8	107.8	111.7	10.6	12.0	13.6	15.3	17.4	19.7	22.4
	7	88.4	92.4	96.4	100.4	104.5	108.5	112.5	10.7	12.1	13.7	15.5	17.6	20.0	22.7
	8	88.9	93.0	97.0	101.0	105.1	109.1	113.2	10.8	12.2	13.8	15.7	17.8	20.2	23.0

续表1

年龄		身高（厘米）							体重（千克）						
岁	月	-3SD	-2SD	-1SD	中位数	+1SD	+2SD	+3SD	-3SD	-2SD	-1SD	中位数	+1SD	+2SD	+3SD
3	9	89.4	93.5	97.5	101.6	105.7	109.8	113.9	10.9	12.4	14.0	15.8	18.0	20.5	23.3
	10	89.8	94.0	98.1	102.2	106.3	110.4	114.6	11.0	12.5	14.1	16.0	18.2	20.7	23.6
	11	90.3	94.4	98.6	102.8	106.9	111.1	115.2	11.1	12.6	14.3	16.2	18.4	20.9	23.9
4	0	90.7	94.9	99.1	103.3	107.5	111.7	115.9	11.2	12.7	14.4	16.3	18.6	21.2	24.2
	1	91.2	95.4	99.7	103.9	108.1	112.4	116.6	11.3	12.8	14.5	16.5	18.8	21.4	24.5
	2	91.6	95.9	100.2	104.4	108.7	113.0	117.3	11.4	12.9	14.7	16.7	19.0	21.7	24.8
	3	92.1	96.4	100.7	105.0	109.3	113.6	117.9	11.5	13.1	14.8	16.8	19.2	21.9	25.1
	4	92.5	96.9	101.2	105.6	109.9	114.2	118.6	11.6	13.2	15.0	17.0	19.4	22.2	25.4
	5	93.0	97.4	101.7	106.1	110.5	114.9	119.2	11.7	13.3	15.1	17.2	19.6	22.4	25.7
	6	93.4	97.8	102.3	106.7	111.1	115.5	119.9	11.8	13.4	15.2	17.3	19.8	22.7	26.0
	7	93.9	98.3	102.8	107.2	111.7	116.1	120.6	11.9	13.5	15.4	17.5	20.0	22.9	26.3
	8	94.3	98.8	103.3	107.8	112.3	116.7	121.2	12.0	13.6	15.5	17.7	20.2	23.2	26.6
	9	94.7	99.3	103.8	108.3	112.8	117.4	121.9	12.1	13.7	15.6	17.8	20.4	23.4	26.9
	10	95.2	99.7	104.3	108.9	113.4	118.0	122.6	12.2	13.8	15.8	18.0	20.6	23.7	27.2
	11	95.6	100.2	104.8	109.4	114.0	118.6	123.2	12.3	14.0	15.9	18.2	20.8	23.9	27.6
5	0	96.1	100.7	105.3	110.0	114.6	119.2	123.9	12.4	14.1	16.0	18.3	21.0	24.2	27.9
	1	96.5	101.1	105.7	110.3	114.9	119.4	124.0	12.7	14.4	16.3	18.5	21.1	24.2	27.8
	2	96.9	101.6	106.2	110.8	115.4	120.0	124.7	12.8	14.5	16.4	18.7	21.3	24.4	28.1
	3	97.4	102.0	106.7	111.3	116.0	120.6	125.3	13.0	14.6	16.6	18.9	21.5	24.7	28.4
	4	97.8	102.5	107.2	111.9	116.5	121.2	125.9	13.1	14.8	16.7	19.0	21.7	24.9	28.8
	5	98.2	103.0	107.7	112.4	117.1	121.8	126.5	13.2	14.9	16.9	19.2	22.0	25.2	29.1
	6	98.7	103.4	108.2	112.9	117.7	122.4	127.1	13.3	15.0	17.0	19.4	22.2	25.5	29.4

续表 2

年龄		身高（厘米）							体重（千克）						
岁	月	-3SD	-2SD	-1SD	中位数	+1SD	+2SD	+3SD	-3SD	-2SD	-1SD	中位数	+1SD	+2SD	+3SD
5	7	99.1	103.9	108.7	113.4	118.2	123.0	127.8	13.4	15.2	17.2	19.6	22.4	25.7	29.8
	8	99.5	104.3	109.1	113.9	118.7	123.6	128.4	13.6	15.3	17.4	19.8	22.6	26.0	30.1
	9	99.9	104.8	109.6	114.5	119.3	124.1	129.0	13.7	15.4	17.5	19.9	22.8	26.3	30.4
	10	100.4	105.2	110.1	115.0	119.8	124.7	129.6	13.8	15.6	17.7	20.1	23.1	26.6	30.8
	11	100.8	105.7	110.6	115.5	120.4	125.2	130.1	13.9	15.7	17.8	20.3	23.3	26.8	31.2
6	0	101.2	106.1	111.0	116.0	120.9	125.8	130.7	14.1	15.9	18.0	20.5	23.5	27.1	31.5

注：2006 年世界卫生组织（WHO）儿童生长发育标准。

附表 1-2　3～5 岁男童头围/年龄标准

年龄		头围（厘米）						
岁	月	-3SD	-2SD	-1SD	中位数	+1SD	+2SD	+3SD
3	0	45.2	46.6	48.0	49.5	50.9	52.3	53.7
	1	45.3	46.7	48.1	49.5	51.0	52.4	53.8
	2	45.3	46.8	48.2	49.6	51.0	52.5	53.9
	3	45.4	46.8	48.2	49.7	51.1	52.5	54.0
	4	45.4	46.9	48.3	49.7	51.2	52.6	54.1
	5	45.5	46.9	48.4	49.8	51.3	52.7	54.1
	6	45.5	47.0	48.4	49.9	51.3	52.8	54.2
	7	45.6	47.0	48.5	49.9	51.4	52.8	54.3
	8	45.6	47.1	48.5	50.0	51.4	52.9	54.3
	9	45.7	47.1	48.6	50.1	51.5	53.0	54.4
	10	45.7	47.2	48.7	50.1	51.6	53.0	54.5
	11	45.8	47.2	48.7	50.2	51.6	53.1	54.5

续表

头围（厘米）

年龄		-3SD	-2SD	-1SD	中位数	+1SD	+2SD	+3SD
岁	月							
	0	45.8	47.3	48.7	50.2	51.7	53.1	54.6
	1	45.9	47.3	48.8	50.3	51.7	53.2	54.7
	2	45.9	47.4	48.8	50.3	51.8	53.2	54.7
	3	45.9	47.4	48.9	50.4	51.8	53.3	54.8
	4	46.0	47.5	48.9	50.4	51.9	53.4	54.8
4	5	46.0	47.5	49.0	50.4	51.9	53.4	54.9
	6	46.1	47.5	49.0	50.5	52.0	53.5	54.9
	7	46.1	47.6	49.1	50.5	52.0	53.5	55.0
	8	46.1	47.6	49.1	50.6	52.1	53.5	55.0
	9	46.2	47.6	49.1	50.6	52.1	53.6	55.1
	10	46.2	47.7	49.2	50.7	52.1	53.6	55.1
	11	46.2	47.7	49.2	50.7	52.2	53.7	55.2
5	0	46.3	47.7	49.2	50.7	52.2	53.7	55.2

注：2006年世界卫生组织（WHO）儿童生长发育标准。

附表 1-3　2～6男童体重/身高标准

体重（千克）

身高（厘米）	-3SD	-2SD	-1SD	中位数	+1SD	+2SD	+3SD
65.0	5.9	6.3	6.9	7.4	8.1	8.8	9.6
65.5	6.0	6.4	7.0	7.6	8.2	8.9	9.8
66.0	6.1	6.5	7.1	7.7	8.3	9.1	9.9
66.5	6.1	6.6	7.2	7.8	8.5	9.2	10.1

续表 1

身高（厘米）	体重（千克）						
	−3SD	−2SD	−1SD	中位数	+1SD	+2SD	+3SD
67.0	6.2	6.7	7.3	7.9	8.6	9.4	10.2
67.5	6.3	6.8	7.4	8.0	8.7	9.5	10.4
68.0	6.4	6.9	7.5	8.1	8.8	9.6	10.5
68.5	6.5	7.0	7.6	8.2	9.0	9.8	10.7
69.0	6.6	7.1	7.7	8.4	9.1	9.9	10.8
69.5	6.7	7.2	7.8	8.5	9.2	10.0	11.0
70.0	6.8	7.3	7.9	8.6	9.3	10.2	11.1
70.5	6.9	7.4	8.0	8.7	9.5	10.3	11.3
71.0	6.9	7.5	8.1	8.8	9.6	10.4	11.4
71.5	7.0	7.6	8.2	8.9	9.7	10.6	11.6
72.0	7.1	7.7	8.3	9.0	9.8	10.7	11.7
72.5	7.2	7.8	8.4	9.1	9.9	10.8	11.8
73.0	7.3	7.9	8.5	9.2	10.0	11.0	12.0
73.5	7.4	7.9	8.6	9.3	10.2	11.1	12.1
74.0	7.4	8.0	8.7	9.4	10.3	11.2	12.2
74.5	7.5	8.1	8.8	9.5	10.4	11.3	12.4
75.0	7.6	8.2	8.9	9.6	10.5	11.4	12.5
75.5	7.7	8.3	9.0	9.7	10.6	11.6	12.6
76.0	7.7	8.4	9.1	9.8	10.7	11.7	12.8
76.5	7.8	8.5	9.2	9.9	10.8	11.8	12.9

续表2

身高（厘米）	体重（千克）						
	−3SD	−2SD	−1SD	中位数	+1SD	+2SD	+3SD
77.0	7.9	8.5	9.2	10.0	10.9	11.9	13.0
77.5	8.0	8.6	9.3	10.1	11.0	12.0	13.1
78.0	8.0	8.7	9.4	10.2	11.1	12.1	13.3
78.5	8.1	8.8	9.5	10.3	11.2	12.2	13.4
79.0	8.2	8.8	9.6	10.4	11.3	12.3	13.5
79.5	8.3	8.9	9.7	10.5	11.4	12.4	13.6
80.0	8.3	9.0	9.7	10.6	11.5	12.6	13.7
80.5	8.4	9.1	9.8	10.7	11.6	12.7	13.8
81.0	8.5	9.2	9.9	10.8	11.7	12.8	14.0
81.5	8.6	9.3	10.0	10.9	11.8	12.9	14.1
82.0	8.7	9.3	10.1	11.0	11.9	13.0	14.2
82.5	8.7	9.4	10.2	11.1	12.1	13.1	14.4
83.0	8.8	9.5	10.3	11.2	12.2	13.3	14.5
83.5	8.9	9.6	10.4	11.3	12.3	13.4	14.6
84.0	9.0	9.7	10.5	11.4	12.4	13.5	14.8
84.5	9.1	9.9	10.7	11.5	12.5	13.7	14.9
85.0	9.2	10.0	10.8	11.7	12.7	13.8	15.1
85.5	9.3	10.1	10.9	11.8	12.8	13.9	15.2
86.0	9.4	10.2	11.0	11.9	12.9	14.1	15.4
86.5	9.5	10.3	11.1	12.0	13.1	14.2	15.5

续表3

身高(厘米)	体重(千克)						
	-3SD	-2SD	-1SD	中位数	+1SD	+2SD	+3SD
87.0	9.6	10.4	11.2	12.2	13.2	14.4	15.7
87.5	9.7	10.5	11.3	12.3	13.3	14.5	15.8
88.0	9.8	10.6	11.5	12.4	13.5	14.7	16.0
88.5	9.9	10.7	11.6	12.5	13.6	14.8	16.1
89.0	10.0	10.8	11.7	12.6	13.7	14.9	16.3
89.5	10.1	10.9	11.8	12.8	13.9	15.1	16.4
90.0	10.2	11.0	11.9	12.9	14.0	15.2	16.6
90.5	10.3	11.1	12.0	13.0	14.1	15.3	16.7
91.0	10.4	11.2	12.1	13.1	14.2	15.5	16.9
91.5	10.5	11.3	12.2	13.2	14.4	15.6	17.0
92.0	10.6	11.4	12.3	13.4	14.5	15.8	17.2
92.5	10.7	11.5	12.4	13.5	14.6	15.9	17.3
93.0	10.8	11.6	12.6	13.6	14.7	16.0	17.5
93.5	10.9	11.7	12.7	13.7	14.9	16.2	17.6
94.0	11.0	11.8	12.8	13.8	15.0	16.3	17.8
94.5	11.1	11.9	12.9	13.9	15.1	16.5	17.9
95.0	11.1	12.0	13.0	14.1	15.3	16.6	18.1
95.5	11.2	12.1	13.1	14.2	15.4	16.7	18.3
96.0	11.3	12.2	13.2	14.3	15.5	16.9	18.4
96.5	11.4	12.3	13.3	14.4	15.7	17.0	18.6

续表 4

身高（厘米）	体重（千克）							
	−3SD	−2SD	−1SD	中位数	+1SD	+2SD	+3SD
97.0	11.5	12.4	13.4	14.6	15.8	17.2	18.8
97.5	11.6	12.5	13.6	14.7	15.9	17.4	18.9
98.0	11.7	12.6	13.7	14.8	16.1	17.5	19.1
98.5	11.8	12.8	13.8	14.9	16.2	17.7	19.3
99.0	11.9	12.9	13.9	15.1	16.4	17.9	19.5
99.5	12.0	13.0	14.0	15.2	16.5	18.0	19.7
100.0	12.1	13.1	14.2	15.4	16.7	18.2	19.9
100.5	12.2	13.2	14.3	15.5	16.9	18.4	20.1
101.0	12.3	13.3	14.4	15.6	17.0	18.5	20.3
101.5	12.4	13.4	14.5	15.8	17.2	18.7	20.5
102.0	12.5	13.6	14.7	15.9	17.3	18.9	20.7
102.5	12.6	13.7	14.8	16.1	17.5	19.1	20.9
103.0	12.8	13.8	14.9	16.2	17.7	19.3	21.1
103.5	12.9	13.9	15.1	16.4	17.8	19.5	21.3
104.0	13.0	14.0	15.2	16.5	18.0	19.7	21.6
104.5	13.1	14.2	15.4	16.7	18.2	19.9	21.8
105.0	13.2	14.3	15.5	16.8	18.4	20.1	22.0
105.5	13.3	14.4	15.6	17.0	18.5	20.3	22.2
106.0	13.4	14.5	15.8	17.2	18.7	20.5	22.5
106.5	13.5	14.7	15.9	17.3	18.9	20.7	22.7

续表 5

身高(厘米)	体重(千克)						
	-3SD	-2SD	-1SD	中位数	+1SD	+2SD	+3SD
107.0	13.7	14.8	16.1	17.5	19.1	20.9	22.9
107.5	13.8	14.9	16.2	17.7	19.3	21.1	23.2
108.0	13.9	15.1	16.4	17.8	19.5	21.3	23.4
108.5	14.0	15.2	16.5	18.0	19.7	21.5	23.7
109.0	14.1	15.3	16.7	18.2	19.8	21.8	23.9
109.5	14.3	15.5	16.8	18.3	20.0	22.0	24.2
110.0	14.4	15.6	17.0	18.5	20.2	22.2	24.4
110.5	14.5	15.8	17.1	18.7	20.4	22.4	24.7
111.0	14.6	15.9	17.3	18.9	20.7	22.7	25.0
111.5	14.8	16.0	17.5	19.1	20.9	22.9	25.2
112.0	14.9	16.2	17.6	19.2	21.1	23.1	25.5
112.5	15.0	16.3	17.8	19.4	21.3	23.4	25.8
113.0	15.2	16.5	18.0	19.6	21.5	23.6	26.0
113.5	15.3	16.6	18.1	19.8	21.7	23.9	26.3
114.0	15.4	16.8	18.3	20.0	21.9	24.1	26.6
114.5	15.6	16.9	18.5	20.2	22.1	24.4	26.6
115.0	15.7	17.1	18.6	20.4	22.4	24.6	27.2
115.5	15.8	17.2	18.8	20.6	22.6	24.9	27.5
116.0	16.0	17.4	19.0	20.8	22.8	25.1	27.8
116.5	16.1	17.5	19.2	21.0	23.0	25.4	28.0

续表 6

身高（厘米）	体重（千克）						
	−3SD	−2SD	−1SD	中位数	＋1SD	＋2SD	＋3SD
117.0	16.2	17.7	19.3	21.2	23.3	25.6	28.3
117.5	16.4	17.9	19.5	21.4	23.5	25.9	28.6
118.0	16.5	18.0	19.7	21.6	23.7	26.1	28.9
118.5	16.7	18.2	19.9	21.8	23.9	26.4	29.2
119.0	16.8	18.3	20.0	22.0	24.1	26.6	29.5
119.5	16.9	18.5	20.2	22.2	24.4	26.9	29.8
120.0	17.1	18.6	20.4	22.4	24.6	27.2	30.1

注：2006 年世界卫生组织（WHO）儿童生长发育标准。

附表 1-4　3～6 岁男童体质指数（BMI）/年龄标准

年龄		体质指数（BMI）						
月	日	−3SD	−2SD	−1SD	中位数	＋1SD	＋2SD	＋3SD
	0	12.4	13.4	14.4	15.6	16.9	18.4	20.0
	1	12.4	13.3	14.4	15.6	16.9	18.3	19.9
	2	12.3	13.3	14.4	15.5	16.8	18.3	19.9
	3	12.3	13.3	14.3	15.5	16.8	18.3	19.9
3	4	12.3	13.2	14.3	15.5	16.8	18.2	19.9
	5	12.2	13.2	14.3	15.5	16.8	18.2	19.9
	6	12.2	13.2	14.3	15.4	16.8	18.2	19.8
	7	12.2	13.2	14.2	15.4	16.7	18.2	19.8
	8	12.2	13.1	14.2	15.4	16.7	18.2	19.8

续表 1

年龄		体质指数(BMI)						
月	日	−3SD	−2SD	−1SD	中位数	+1SD	+2SD	+3SD
3	9	12.2	13.1	14.2	15.4	16.7	18.2	19.8
	10	12.1	13.1	14.2	15.4	16.7	18.2	19.8
	11	12.1	13.1	14.2	15.3	16.7	18.2	19.9
4	0	12.1	13.1	14.1	15.3	16.7	18.2	19.9
	1	12.1	13.0	14.1	15.3	16.7	18.2	19.9
	2	12.1	13.0	14.1	15.3	16.7	18.2	19.9
	3	12.1	13.0	14.1	15.3	16.6	18.2	19.9
	4	12.0	13.0	14.1	15.3	16.6	18.2	19.9
	5	12.0	13.0	14.1	15.3	16.6	18.2	20.0
	6	12.0	13.0	14.0	15.3	16.6	18.2	20.0
	7	12.0	13.0	14.0	15.2	16.6	18.2	20.0
	8	12.0	12.9	14.0	15.2	16.6	18.2	20.1
	9	12.0	12.9	14.0	15.2	16.6	18.2	20.1
	10	12.0	12.9	14.0	15.2	16.6	18.3	20.2
	11	12.0	12.9	14.0	15.2	16.6	18.3	20.2
5	0	12.0	12.9	14.0	15.2	16.6	18.3	20.3
	1	12.1	13.0	14.1	15.3	16.6	18.3	20.2
	2	12.1	13.0	14.1	15.3	16.6	18.3	20.2
	3	12.1	13.0	14.1	15.3	16.7	18.3	20.2
	4	12.1	13.0	14.1	15.3	16.7	18.3	20.3
	5	12.1	13.0	14.1	15.3	16.7	18.3	20.3
	6	12.1	13.0	14.1	15.3	16.7	18.4	20.4
	7	12.1	13.0	14.1	15.3	16.7	18.4	20.4

续表 2

年龄		体质指数（BMI）						
月	日	-3SD	-2SD	-1SD	中位数	+1SD	+2SD	+3SD
5	8	12.1	13.0	14.1	15.3	16.7	18.4	20.5
	9	12.1	13.0	14.1	15.3	16.7	18.4	20.5
	10	12.1	13.0	14.1	15.3	16.7	18.5	20.6
	11	12.1	13.0	14.1	15.3	16.7	18.5	20.6
6	0	12.1	13.0	14.1	15.3	16.8	18.5	20.7

注：2006年世界卫生组织（WHO）儿童生长发育标准。

若3~5岁的男童测量的是卧式身长，则要在身长基础上减少0.7厘米，转换成身高后再计算。

附表 1-5 3~6岁女童身高/年龄、体重/年龄标准

年龄		身高（厘米）							体重（千克）						
岁	月	-3SD	-2SD	-1SD	中位数	+1SD	+2SD	+3SD	-3SD	-2SD	-1SD	中位数	+1SD	+2SD	+3SD
3	0	83.6	87.4	91.2	95.1	98.9	102.7	106.5	9.6	10.8	12.2	13.9	15.8	18.1	20.9
	1	84.2	88.0	91.9	95.7	99.6	103.4	107.3	9.7	10.9	12.4	14.0	16.0	18.4	21.3
	2	84.7	88.6	92.5	96.4	100.3	104.2	108.1	9.8	11.1	12.5	14.2	16.3	18.7	21.6
	3	85.3	89.2	93.1	97.1	101.0	105.0	108.9	9.9	11.2	12.7	14.4	16.5	19.0	22.0
	4	85.8	89.8	93.8	97.7	101.7	105.7	109.7	10.1	11.3	12.8	14.6	16.7	19.2	22.3
	5	86.3	90.4	94.4	98.4	102.4	106.4	110.5	10.2	11.5	13.0	14.8	16.9	19.5	22.7
	6	86.8	90.9	95.0	99.0	103.1	107.2	111.2	10.3	11.6	13.1	15.0	17.2	19.8	23.0
	7	87.4	91.5	95.6	99.7	103.8	107.9	112.0	10.4	11.7	13.3	15.2	17.4	20.1	23.4
	8	87.9	92.0	96.2	100.3	104.5	108.6	112.7	10.5	11.8	13.4	15.3	17.6	20.4	23.7
	9	88.4	92.5	96.7	100.9	105.1	109.3	113.5	10.6	12.0	13.6	15.5	17.8	20.7	24.1
	10	88.9	93.1	97.3	101.5	105.8	110.0	114.2	10.7	12.1	13.7	15.7	18.1	20.9	24.5
	11	89.3	93.6	97.9	102.1	106.4	110.7	114.9	10.8	12.2	13.9	15.9	18.3	21.2	24.8

续表 1

| 年龄 | | 身高（厘米） | | | | | | | 体重（千克） | | | | | | |
岁	月	-3SD	-2SD	-1SD	中位数	+1SD	+2SD	+3SD	-3SD	-2SD	-1SD	中位数	+1SD	+2SD	+3SD
4	0	89.8	94.1	98.4	102.7	107.0	111.3	115.7	10.9	12.3	14.0	16.1	18.5	21.5	25.2
	1	90.3	94.6	99.0	103.3	107.7	112.0	116.4	11.0	12.4	14.2	16.3	18.8	21.8	25.5
	2	90.7	95.1	99.5	103.9	108.3	112.7	117.1	11.1	12.6	14.3	16.4	19.0	22.1	25.9
	3	91.2	95.6	100.1	104.5	108.9	113.3	117.7	11.2	12.7	14.5	16.6	19.2	22.4	26.3
	4	91.7	96.1	100.6	105.0	109.5	114.0	118.4	11.3	12.8	14.6	16.8	19.4	22.6	26.6
	5	92.1	96.6	101.1	105.6	110.1	114.6	119.1	11.4	12.9	14.8	17.0	19.7	22.9	27.0
	6	92.6	97.1	101.6	106.2	110.7	115.2	119.8	11.5	13.0	14.9	17.2	19.9	23.2	27.4
	7	93.0	97.6	102.2	106.7	111.3	115.9	120.4	11.6	13.2	15.1	17.3	20.1	23.5	27.7
	8	93.4	98.1	102.7	107.3	111.9	116.5	121.1	11.7	13.3	15.2	17.5	20.3	23.8	28.1
	9	93.9	98.5	103.2	107.8	112.5	117.1	121.8	11.8	13.4	15.3	17.7	20.6	24.1	28.5
	10	94.3	99.0	103.7	108.4	113.0	117.7	122.4	11.9	13.5	15.5	17.9	20.8	24.4	28.8
	11	94.7	99.5	104.2	108.9	113.6	118.3	123.1	12.0	13.6	15.6	18.0	21.0	24.6	29.2
5	0	95.2	99.9	104.7	109.4	114.2	118.9	123.7	12.1	13.7	15.8	18.0	21.2	24.9	29.5
	1	95.3	100.1	104.8	109.6	114.4	119.1	123.9	12.4	14.0	15.9	18.3	21.2	24.8	29.5
	2	95.7	100.5	105.3	110.1	114.9	119.7	124.5	12.5	14.1	16.0	18.4	21.4	25.1	29.8
	3	96.1	101.0	105.8	110.6	115.5	120.3	125.2	12.6	14.2	16.2	18.6	21.6	25.4	30.2
	4	96.5	101.4	106.3	111.2	116.0	120.9	125.8	12.7	14.3	16.3	18.8	21.8	25.6	30.5
	5	97.0	101.9	106.8	111.7	116.6	121.5	126.4	12.8	14.4	16.5	19.0	22.0	25.9	30.9
	6	97.4	102.3	107.2	112.2	117.1	122.0	127.0	12.9	14.6	16.6	19.1	22.2	26.2	31.3
	7	97.8	102.7	107.7	112.7	117.6	122.6	127.6	13.0	14.7	16.8	19.3	22.5	26.5	31.6
	8	98.2	103.2	108.2	113.2	118.2	123.2	128.2	13.1	14.8	16.9	19.5	22.7	26.7	32.0
	9	98.6	103.6	108.6	113.7	118.7	123.7	128.8	13.2	14.9	17.0	19.6	22.9	27.0	32.3

续表 2

年龄		身高（厘米）							体重（千克）						
岁	月	−3SD	−2SD	−1SD	中位数	+1SD	+2SD	+3SD	−3SD	−2SD	−1SD	中位数	+1SD	+2SD	+3SD
5	10	99.0	104.0	109.1	114.2	119.2	124.3	129.3	13.3	15.0	17.2	19.8	23.1	27.3	32.7
5	11	99.4	104.5	109.6	114.6	119.7	124.8	129.9	13.4	15.2	17.3	20.0	23.3	27.6	33.1
6	0	99.8	104.9	110.0	115.1	120.2	125.4	130.5	13.5	15.3	17.5	20.0	23.5	27.8	33.4

注：2006年世界卫生组织（WHO）儿童生长发育标准。

附表 1-6 3～5岁女童头围/年龄标准

年龄		头围（厘米）						
月	日	−3SD	−2SD	−1SD	中位数	+1SD	+2SD	+3SD
3	0	44.3	45.7	47.1	48.5	49.9	51.3	52.7
	1	44.4	45.8	47.2	48.6	50.0	51.4	52.8
	2	44.4	45.9	47.3	48.7	50.1	51.5	52.9
	3	44.5	45.9	47.3	48.7	50.2	51.6	53.0
	4	44.6	46.0	47.4	48.8	50.2	51.7	53.1
	5	44.6	46.1	47.5	48.9	50.3	51.7	53.1
	6	44.7	46.1	47.5	49.0	50.4	51.8	53.2
	7	44.8	46.2	47.6	49.0	50.4	51.9	53.3
	8	44.8	46.3	47.7	49.1	50.5	51.9	53.3
	9	44.9	46.3	47.7	49.2	50.6	52.0	53.4
	10	45.0	46.4	47.8	49.2	50.6	52.1	53.5
	11	45.0	46.4	47.9	49.3	50.7	52.1	53.5

续表

头围（厘米）

年龄		-3SD	-2SD	-1SD	中位数	+1SD	+2SD	+3SD
月	日							
4	0	45.1	46.5	47.9	49.3	50.8	52.2	53.6
	1	45.1	46.5	48.0	49.4	50.8	52.2	53.6
	2	45.2	46.6	48.0	49.4	50.9	52.3	53.7
	3	45.2	46.7	48.1	49.5	50.9	52.3	53.8
	4	45.3	46.7	48.1	49.5	51.0	52.4	53.8
	5	45.3	46.8	48.2	49.6	51.0	52.4	53.9
	6	45.4	46.8	48.2	49.6	51.1	52.5	53.9
	7	45.4	46.9	48.3	49.7	51.1	52.5	54.0
	8	45.5	46.9	48.3	49.7	51.2	52.6	54.0
	9	45.5	46.9	48.4	49.8	51.2	52.6	54.1
	10	45.6	47.0	48.4	49.8	51.3	52.7	54.1
	11	45.6	47.0	48.5	49.9	51.3	52.7	54.1
5	0	45.7	47.1	48.5	49.9	51.3	52.8	54.2

注：2006年世界卫生组织（WHO）儿童生长发育标准。

附表1-7 2～6女童体重/身高标准

体重（千克）

身高（厘米）	-3SD	-2SD	-1SD	中位数	+1SD	+2SD	+3SD
65.0	5.6	6.1	6.6	7.2	7.9	8.7	9.7
65.5	5.7	6.2	6.7	7.4	8.1	8.9	9.8
66.0	5.8	6.3	6.8	7.5	8.2	9.0	10.0

续表1

身高（厘米）	体重（千克）						
	-3SD	-2SD	-1SD	中位数	+1SD	+2SD	+3SD
66.5	5.8	6.4	6.9	7.6	8.3	9.1	10.1
67.0	5.9	6.4	7.0	7.7	8.4	9.3	10.2
67.5	6.0	6.5	7.1	7.8	8.5	9.4	10.4
68.0	6.1	6.6	7.2	7.9	8.7	9.5	10.5
68.5	6.2	6.7	7.3	8.0	8.8	9.7	10.7
69.0	6.3	6.8	7.4	8.1	8.9	9.8	10.8
69.5	6.3	6.9	7.5	8.2	9.0	9.9	10.9
70.0	6.4	7.0	7.6	8.3	9.1	10.0	11.1
70.5	6.5	7.1	7.7	8.4	9.2	10.1	11.2
71.0	6.6	7.1	7.8	8.5	9.3	10.3	11.3
71.5	6.7	7.2	7.9	8.6	9.4	10.4	11.5
72.0	6.7	7.3	8.0	8.7	9.5	10.5	11.6
72.5	6.8	7.4	8.1	8.8	9.7	10.6	11.7
73.0	6.9	7.5	8.1	8.9	9.8	10.7	11.8
73.5	7.0	7.5	8.2	9.0	9.9	10.8	12.0
74.0	7.0	7.6	8.3	9.1	10.0	11.0	12.1
74.5	7.1	7.7	8.4	9.2	10.1	11.1	12.2

续表2

身高（厘米）	体重（千克）						
	−3SD	−2SD	−1SD	中位数	+1SD	+2SD	+3SD
75.0	7.2	7.8	8.5	9.3	10.2	11.2	12.3
75.5	7.2	7.9	8.6	9.4	10.3	11.3	12.5
76.0	7.3	8.0	8.7	9.5	10.4	11.4	12.6
76.5	7.4	8.0	8.7	9.6	10.5	11.5	12.7
77.0	7.5	8.1	8.8	9.6	10.6	11.6	12.8
77.5	7.5	8.2	8.9	9.7	10.7	11.7	12.9
78.0	7.6	8.3	9.0	9.8	10.8	11.8	13.1
78.5	7.7	8.4	9.1	9.9	10.9	12.0	13.2
79.0	7.8	8.4	9.2	10.0	11.0	12.1	13.3
79.5	7.8	8.5	9.3	10.1	11.1	12.2	13.4
80.0	7.9	8.6	9.4	10.2	11.2	12.3	13.6
80.5	8.0	8.7	9.5	10.3	11.3	12.4	13.7
81.0	8.1	8.8	9.6	10.4	11.4	12.6	13.9
81.5	8.2	8.9	9.7	10.6	11.6	12.7	14.0
82.0	8.3	9.0	9.8	10.7	11.7	12.8	14.1
82.5	8.4	9.1	9.9	10.8	11.8	13.0	14.3
83.0	8.5	9.2	10.0	10.9	11.9	13.1	14.5

续表 3

身高（厘米）	体重（千克）						
	−3SD	−2SD	−1SD	中位数	+1SD	+2SD	+3SD
83.5	8.5	9.3	10.1	11.0	12.1	13.3	14.6
84.0	8.6	9.4	10.2	11.1	12.2	13.4	14.8
84.5	8.7	9.5	10.3	11.3	12.3	13.5	14.9
85.0	8.8	9.6	10.4	11.4	12.5	13.7	15.1
85.5	8.9	9.7	10.6	11.5	12.6	13.8	15.3
86.0	9.0	9.8	10.7	11.6	12.7	14.0	15.4
86.5	9.1	9.9	10.8	11.8	12.9	14.2	15.6
87.0	9.2	10.0	10.9	11.9	13.0	14.3	15.8
87.5	9.3	10.1	11.0	12.0	13.2	14.5	15.9
88.0	9.4	10.2	11.1	12.1	13.3	14.6	16.1
88.5	9.5	10.3	11.2	12.3	13.4	14.8	16.3
89.0	9.6	10.4	11.4	12.4	13.6	14.9	16.4
89.5	9.7	10.5	11.5	12.5	13.7	15.1	16.6
90.0	9.8	10.6	11.6	12.6	13.8	15.2	16.8
90.5	9.9	10.7	11.7	12.8	14.0	15.4	16.9
91.0	10.0	10.9	11.8	12.9	14.1	15.5	17.1
91.5	10.1	11.0	11.9	13.0	14.3	15.7	17.3

续表 4

身高（厘米）	体重（千克）						
	-3SD	-2SD	-1SD	中位数	+1SD	+2SD	+3SD
92.0	10.2	11.1	12.0	13.1	14.4	15.8	17.4
92.5	10.3	11.2	12.1	13.3	14.5	16.0	17.6
93.0	10.4	11.3	12.3	13.4	14.7	16.1	17.8
93.5	10.5	11.4	12.4	13.5	14.8	16.3	17.9
94.0	10.6	11.5	12.5	13.6	14.9	16.4	18.1
94.5	10.7	11.6	12.6	13.8	15.1	16.6	18.3
95.0	10.8	11.7	12.7	13.9	15.2	16.7	18.5
95.5	10.8	11.8	12.8	14.0	15.4	16.9	18.6
96.0	10.9	11.9	12.9	14.1	15.5	17.0	18.8
96.5	11.0	12.0	13.1	14.3	15.6	17.2	19.0
97.0	11.1	12.1	13.2	14.4	15.8	17.4	19.2
97.5	11.2	12.2	13.3	14.5	15.9	17.5	19.3
98.0	11.3	12.3	13.4	14.7	16.1	17.7	19.5
98.5	11.4	12.4	13.5	14.8	16.2	17.9	19.7
99.0	11.5	12.5	13.7	14.9	16.4	18.0	19.9
99.5	11.6	12.7	13.8	15.1	16.5	18.2	20.1
100.0	11.7	12.8	13.9	15.2	16.7	18.4	20.3

续表 5

身高(厘米)	体重(千克)						
	−3SD	−2SD	−1SD	中位数	+1SD	+2SD	+3SD
100.5	11.9	12.9	14.1	15.4	16.9	18.6	20.5
101.0	12.0	13.0	14.2	15.5	17.0	18.7	20.7
101.5	12.1	13.1	14.3	15.7	17.2	18.9	20.9
102.0	12.2	13.3	14.5	15.8	17.4	19.1	21.1
102.5	12.3	13.4	14.6	16.0	17.5	19.3	21.4
103.0	12.4	13.5	14.7	16.1	17.7	19.5	21.6
103.5	12.5	13.6	14.9	16.3	17.9	19.7	21.8
104.0	12.6	13.8	15.0	16.4	18.1	19.9	22.0
104.5	12.8	13.9	15.2	16.6	18.2	20.1	22.3
105.0	12.9	14.0	15.3	16.8	18.4	20.3	22.5
105.5	13.0	14.2	15.5	16.9	18.6	20.5	22.7
106.0	13.1	14.3	15.6	17.1	18.8	20.8	23.0
106.5	13.3	14.5	15.8	17.3	19.0	21.0	23.2
107.0	13.4	14.6	15.9	17.5	19.2	21.2	23.5
107.5	13.5	14.7	16.1	17.7	19.4	21.4	23.7
108.0	13.7	14.9	16.3	17.8	19.6	21.7	24.0
108.5	13.8	15.0	16.4	18.0	19.8	21.9	24.3

续表 6

身高（厘米）	体重（千克）						
	−3SD	−2SD	−1SD	中位数	+1SD	+2SD	+3SD
109.0	13.9	15.2	16.6	18.2	20.0	22.1	24.5
109.5	14.1	15.4	16.8	18.4	20.3	22.4	24.8
110.0	14.2	15.5	17.0	18.6	20.5	22.6	25.1
110.5	14.4	15.7	17.1	18.8	20.7	22.9	25.4
111.0	14.5	15.8	17.3	19.0	20.9	23.1	25.7
111.5	14.7	16.0	17.5	19.2	21.2	23.4	26.0
112.0	14.8	16.2	17.7	19.4	21.4	23.6	26.2
112.5	15.0	16.3	17.9	19.6	21.6	23.9	26.5
113.0	15.1	16.5	18.0	19.8	21.8	24.2	26.8
113.5	15.3	16.7	18.2	20.0	22.1	24.4	27.1
114.0	15.4	16.8	18.4	20.2	22.3	24.7	27.4
114.5	15.6	17.0	18.6	20.5	22.6	25.0	27.8
115.0	15.7	17.2	18.8	20.7	22.8	25.2	28.1
115.5	15.9	17.3	19.0	20.9	23.0	25.5	28.4
116.0	16.0	17.5	19.2	21.1	23.3	25.8	28.7
116.5	16.2	17.7	19.4	21.3	23.5	26.1	29.0
117.0	16.3	17.8	19.6	21.5	23.8	26.3	29.3

续表7

身高(厘米)	体重(千克)						
	-3SD	-2SD	-1SD	中位数	+1SD	+2SD	+3SD
117.5	16.5	18.0	19.8	21.7	24.0	26.6	29.6
118.0	16.6	18.2	19.9	22.0	24.2	26.9	29.9
118.5	16.8	18.4	20.1	22.2	24.5	27.2	30.3
119.0	16.9	18.5	20.3	22.4	24.7	27.4	30.6
119.5	17.1	18.7	20.5	22.6	25.0	27.7	30.9
120.0	17.3	18.9	20.7	22.8	25.2	28.0	31.2

注：2006年世界卫生组织(WHO)儿童生长发育标准。

附表1-8 3~6岁女童体质指数(BMI)/年龄标准差数值表

年龄		体质指数(BMI)						
岁	月	-3SD	-2SD	-1SD	中位数	+1SD	+2SD	+3SD
3	0	12.1	13.1	14.2	15.4	16.8	18.4	20.3
	1	12.1	13.1	14.1	15.4	16.8	18.4	20.3
	2	12.1	13.0	14.1	15.4	16.8	18.4	20.3
	3	12.0	13.0	14.1	15.3	16.8	18.4	20.3
	4	12.0	13.0	14.1	15.3	16.8	18.4	20.3
	5	12.0	13.0	14.1	15.3	16.8	18.4	20.4
	6	12.0	12.9	14.0	15.3	16.8	18.4	20.4

续表 1

年龄		体质指数（BMI）						
岁	月	-3SD	-2SD	-1SD	中位数	+1SD	+2SD	+3SD
3	7	11.9	12.9	14.0	15.3	16.8	18.4	20.4
	8	11.9	12.9	14.0	15.3	16.8	18.5	20.4
	9	11.9	12.9	14.0	15.3	16.8	18.5	20.5
	10	11.9	12.9	14.0	15.3	16.8	18.5	20.5
	11	11.8	12.8	14.0	15.3	16.8	18.5	20.5
4	0	11.8	12.8	14.0	15.3	16.8	18.5	20.6
	1	11.8	12.8	13.9	15.3	16.8	18.5	20.6
	2	11.8	12.8	13.9	15.3	16.8	18.6	20.7
	3	11.8	12.8	13.9	15.3	16.8	18.6	20.7
	4	11.7	12.8	13.9	15.2	16.8	18.6	20.7
	5	11.7	12.7	13.9	15.3	16.8	18.6	20.8
	6	11.7	12.7	13.9	15.3	16.8	18.7	20.8
	7	11.7	12.7	13.9	15.3	16.8	18.7	20.9
	8	11.7	12.7	13.9	15.3	16.8	18.7	20.9
	9	11.7	12.7	13.9	15.3	16.9	18.7	21.0
	10	11.7	12.7	13.9	15.3	16.9	18.8	21.0
	11	11.6	12.7	13.9	15.3	16.9	18.8	21.0

续表 2

年龄		体质指数（BMI）						
岁	月	-3SD	-2SD	-1SD	中位数	+1SD	+2SD	+3SD
	0	11.6	12.7	13.9	15.3	16.9	18.8	21.1
	1	11.8	12.7	13.9	15.2	16.9	18.9	21.3
	2	11.8	12.7	13.9	15.2	16.9	18.9	21.4
	3	11.8	12.7	13.9	15.2	16.9	18.9	21.5
	4	11.8	12.7	13.9	15.2	16.9	18.9	21.5
5	5	11.7	12.7	13.9	15.2	16.9	19.0	21.6
	6	11.7	12.7	13.9	15.2	16.9	19.0	21.7
	7	11.7	12.7	13.9	15.2	16.9	19.0	21.7
	8	11.7	12.7	13.9	15.3	17.0	19.1	21.8
	9	11.7	12.7	13.9	15.3	17.0	19.1	21.9
	10	11.7	12.7	13.9	15.3	17.0	19.1	22.0
	11	11.7	12.7	13.9	15.3	17.0	19.2	22.1
6	0	11.7	12.7	13.9	15.3	17.0	19.2	22.1

注：2006年世界卫生组织（WHO）儿童生长发育标准。
若3~5岁的女童测量的是卧式身长，则要在身长基础上减少0.7厘米，转换成身高后再计算。

附录二　专案管理记录表

附表 2-1　营养性缺铁性贫血患儿专案管理记录表

患儿出生日期：____年____月____日　开始管理日期：____年____月____日

母孕期贫血情况：孕周____周，Hb____克/升　铁剂治疗：□无　□有（药物：____　剂量：____毫克/天　疗程：____周）

母乳喂养情况：□纯母乳　□部分母乳　□配方奶　儿童开始添加含铁食物年龄：____月

患儿既往病史、喂养（饮食情况）：

检查日期	实足年龄	化验		存在问题	治疗（药物、剂量）	指导	医师签名
		血红蛋白（克/升）	评价				

结案日期：____年____月____日

转归：□痊愈　□好转　□未愈　□失访

附表 2-2　营养不良专案管理记录

出生日期：____年____月____日　　开始管理日期：____年____月____日

检查时间	实足年龄	既往病史：早产、低出生体重、喂养（饮食）与患病情况	体格检查						诊断	目前存在主要问题	治疗与处理意见	医师签字
			体重（千克）	身高（厘米）	评价							
					W/A	H/A	W/H					

转归：□痊愈　□好转　□未愈　□转　□失访

结案日期：____年____月____日

附表 2-3　肥胖儿专案管理记录表

患儿出生日期：＿＿年＿＿月＿＿日　开始管理日期：＿＿
父亲：体重＿＿千克　身高＿＿厘米
母亲：体重＿＿千克　身高＿＿厘米
家庭其他肥胖成员：
首次发现肥胖时检查结果：体重＿＿千克　身高＿＿厘米
肥胖程度＿＿%

填写说明：
食量：多、中、少　进食速度：快、中、慢
夜食：有、无　喜爱食品：多、中、少
贪睡：有、无
户外活动：多、中、少
运动强度：高、中、低
运动时间（分/日）：≤15、30、≥45
运动频率（次/周）：≥5、4、≤3

日期	体重（千克）	身高（厘米）	肥胖程度	饮食习惯				喜爱食品					生活习惯			运动				干预方案
				食量	进食速度	夜食	其他	甜饮料	油炸食品	肉食	西式快餐	其他	贪睡	户外活动	其他	运动方式	运动强度	运动时间（分/日）	运动频率（次/周）	

转归：□痊愈　□好转（肥胖程度＿＿＿％）　□未愈（肥胖程度＿＿＿％）　□失访

结案日期：＿＿＿年＿＿＿月＿＿＿日

附表 2-4　儿童心理行为发育问题预警征象表

年龄	预警征象		筛查日期
3 月龄	1. 对很大声音没有反应	□	
	2. 不注视人脸，不追视移动人或物品	□	
	3. 逗引时不发音或不会笑	□	
	4. 俯卧时不会抬头	□	
6 月龄	1. 发音少，不会笑出声	□	
	2. 紧握拳不松开	□	
	3. 不会伸手及抓物	□	
	4. 不能扶坐	□	

续表

年龄	筛查日期	预警征象	
8月龄		1. 听到声音无应答	☐
		2. 不会区分生人和熟人	☐
		3. 不会双手传递玩具	☐
		4. 不会独坐	☐
12月龄		1. 不会挥手表示"再见"或拍手表示"欢迎"	☐
		2. 呼唤名字无反应	☐
		3. 不会用拇指食指捏小物品	☐
		4. 不会扶物站立	☐
18月龄		1. 不会有意识叫"爸爸"或"妈妈"	☐
		2. 不会按要求指人或物	☐
		3. 不会独走	☐
		4. 与人无目光对视	☐
2岁		1. 无有意义的语言	☐
		2. 不会扶栏上楼梯/台阶	☐
		3. 不会跑	☐
		4. 不会用匙吃饭	☐
2岁半		1. 兴趣单一、刻板	☐
		2. 不会说2~3个字的短语	☐
		3. 不会示意大小便	☐
		4. 走路经常跌倒	☐
3岁		1. 不会双脚跳	☐
		2. 不会模仿画圆	☐
		3. 不能与其他儿童交流、游戏	☐
		4. 不会说自己的名字	☐

附表 2-5 小儿智能发育筛查表

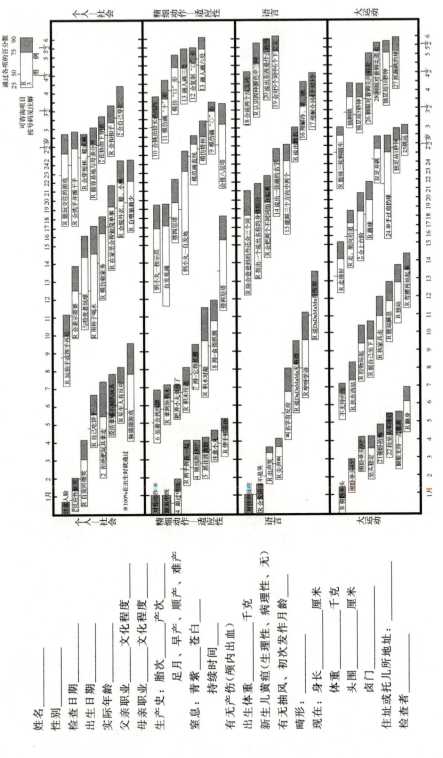

姓名 _____

性别 _____

检查日期 _____

出生日期 _____

实际年龄 _____

父亲职业 _____ 文化程度 _____

母亲职业 _____ 文化程度 _____

生产史：胎次 _____ 产次 _____

　　足月、早产、顺产、难产 _____

窒息：青紫 _____ 苍白 _____

　　持续时间 _____

有无产伤（颅内出血）_____

出生时体重 _____ 千克

新生儿黄疸（生理性、病理性、无）_____

有无抽风、初次发作月龄 _____

畸形：_____

现在：身长 _____ 厘米

　　　体重 _____ 千克

　　　头围 _____ 厘米

　　　囟门 _____

住址或托儿所地址：_____

检查者 _____

附录三　儿童营养表

附表 3-1　儿童营养表 1——膳食计划

年　　月　　月

品　名	单价（％）	每人每日用量（克）	能量		蛋白质（克）	钙（毫克）	维生素 A（微克 RAE）	每人每月用量（克）	所需费用（元）	全园每月用量（克）	全园每周用量（克）
			（千卡）	（千焦）							

测算结果 DRIs

能量：
蛋白质：

钙：
维生素 A：

附表 3-2　儿童营养表 2——食物量记录表

年　　月　　日至　　年　　月　　日

食物名称				
结存数量				

购物累计		
剩余数量		
实际消耗		

附表 3-3　儿童营养表 3——就餐人数登记表

年　　月

日期	早	中	晚	备注
合计				

注：总人日数＝总人次数÷3。

附表 3-4 儿童营养表 4——每人每日营养素摄取量计算表

总人日数：

类别	食品名称	全园总消耗量（克）	平均每人每日进食量（克）	能量（千卡）	能量（千焦）	蛋白质（克）	脂肪（克）	维生素A（微克RAE）	维生素B₁（毫克）	维生素B₂（毫克）	维生素C（毫克）	钙（毫克）	锌（毫克）	铁（毫克）	钠（毫克）

附表 3-5 儿童营养参考摄入量计算表

年 月

年龄（岁）	人日数	能量（千卡）差值	能量（千卡）共差	能量（千焦）差值	能量（千焦）共差	蛋白质（克）差值	蛋白质（克）共差	维生素A（微克RAE）差值	维生素A（微克RAE）共差	维生素B₁（毫克）差值	维生素B₁（毫克）共差	维生素B₂（毫克）差值	维生素B₂（毫克）共差	维生素C（毫克）差值	维生素C（毫克）共差	钙（毫克）差值	钙（毫克）共差	锌（毫克）差值	锌（毫克）共差	铁（毫克）差值	铁（毫克）共差	钠（毫克）差值	钠（毫克）共差
1~		-2.0		-0.83	-0	0	0	0	0	0	0	0	0	0	0	0	0	0	0	0	0	0	0
2~		0		-0		0	0	0	0	0	0	0	0	0	0	0	0	0	0	0	0	0	0

续表

年龄(岁)／人数(日)	能量 千卡(千焦) 差值	能量 千卡 共差	能量 千焦 差值	能量 千焦 共差	蛋白质(克) 差值	蛋白质(克) 共差	维生素A(微克RAE) 差值	维生素A 共差	维生素B_1(毫克) 差值	维生素B_1 共差	维生素B_2(毫克) 差值	维生素B_2 共差	维生素C(毫克) 差值	维生素C 共差	钙(毫克) 差值	钙 共差	锌(毫克) 差值	锌 共差	铁(毫克) 差值	铁 共差	钠(毫克) 差值	钠 共差
3～	1.75		0.735		0.5		0		0		0		0		0		0		0		0	
4～	2.25		0.945		0.5		0.5		0.2		0.1		1		2		1.5		1		2	
5～	3.0		1.26		0.5		0.5		0.2		0.1		1		2		1.5		1		2	
6～	4.75		1.99		1.0		0.5		0.2		0.1		1		2		1.5		1		2	
总人数																						
共差总数／总人日数																						
计算系数	×100		×1000		×10		×100		×1		×1		×10		×100		×1		×1		×100	
差数																						
2岁基数	1050		4390		25		310		0.6		0.6		40		600		4		9		700	
平均参考摄入量																						

附表 3-6 儿童营养表 6——营养分析总结表

年　月

一、平均每人进食量

食物类别	谷类及制品	薯类/淀粉及制品	小吃/甜饼/速食食品	干豆类及制品	蔬菜类及制品	深色蔬菜	菌藻类	水果类及制品	坚果/种子类	乳类及制品	蛋类及制品	肉类及制品	肝类	鱼虾蟹贝类	糖/蜜饯类	油脂类	调味品类	盐
数量（克）																		

二、营养素摄入量

	能量（千卡）	能量（千焦）	蛋白质（克）	脂肪（克）	维生素 A（微克 RAE）	维生素 B₁（毫克）	维生素 B₂（毫克）	维生素 C（毫克）	钙（毫克）	锌（毫克）	铁（毫克）	钠（毫克）
平均每人每日												
DRIs												
比较%												

（维生素 B₁ = $维生素 B_1$，维生素 B₂ = $维生素 B_2$）

三、能量来源分布

		脂肪		蛋白质	
		要求	现状	要求	现状
摄入量	（千卡）				
	（千焦）				
占总热量					

四、蛋白质来源

		优质蛋白质	
		动物性食物	豆类
摄入量(g)			
占蛋白质总量(%)	要求 ≥50%		

五、膳食费使用　当月膳食费：元/人

		要求
本月总收入：	元	膳食费学期盈亏应不超过总收入的 2%
本月总支出：	元	
盈亏：	元	
占总收入：	%	

附录四　幼儿园儿童体质测试标准

一、体质测试的项目

10 米折返跑、立定跳远、网球掷远、坐位体前屈、走平衡木、双脚连续跳。

二、各项目的意义

10 米折返跑：反映儿童的灵敏素质。

立定跳远：主要反映儿童下肢的爆发力。

网球掷远：反映儿童上肢、腰腹肌肉力量。

坐位体前屈：反映儿童躯干和下肢柔韧性。

走平衡木：反映儿童的平衡能力。

双脚连续跳：反映儿童的协调性和下肢的肌肉力量。

三、测试方法

10 米折返跑：幼儿至少两人一组，两腿前后分开，站立在起跑线后；当听到起跑信号后，立即起跑，直奔折返线，用手触摸到物体（木箱或墙壁）后返回，直奔目标线。记录距离。

立定跳远：幼儿两脚自然分开，站立在起跳线后，摆动双臂，双脚蹬地尽力向前跳。记录用时。

网球掷远：幼儿站在投掷线后，两脚前后分开，单手（右手）持球；将球从肩上方投出，球出手时后脚可以向前迈出一步，但不能踩线或过线。记录距离。

坐位体前屈：幼儿面向仪器坐在垫子上，双腿向前伸直；脚跟并拢，蹬在测试仪的挡板上，脚尖自然分开。测试时，幼儿双手并拢，掌心向下平伸，膝关节伸直，上体前屈，用双手中指指尖推动游标平滑前进，直到不能推动为止。记录距离。

走平衡木：幼儿站在起点线后的平台上，面向平衡木，双臂侧平举，当听到"开始"的口令后，两脚交替向终点线前进。记录用时。

双脚连续跳：幼儿两脚并拢站在"起跳线"后，听到"开始"的口令后，双脚起跳，连续跳过 10 个软方包停止。记录用时。

评分说明：体质测试各项指标评分标准采用 5 分制，5 分为优秀，4 分为良好，3 分为及格，2 分为中下，1 分为差。

四、测试标准

测试标准详见附表 4-1 至附表 4-12。

附表 4-1　10 米折返跑(男)

单位：秒

年龄(岁)	5分	4分	3分	2分	1分
3	<8.0	8.0～9.0	9.1～10.2	10.3～12.8	12.9～15.8
3.5	<7.5	7.5～8.3	8.4～9.4	9.5～11.3	11.4～14.0
4	<6.9	6.9～7.6	7.7～8.5	8.6～10.1	10.2～12.4
4.5	<6.7	6.7～7.2	7.3～8.0	8.1～9.7	9.8～11.8
5	<6.4	6.4～6.9	7.0～7.6	7.7～8.9	9.0～10.3
5.5	<6.2	6.2～6.7	6.8～7.3	7.4～8.5	8.6～10.0
6	<5.8	5.8～6.2	6.3～6.8	6.9～7.9	8.0～9.4

附表 4-2　10 米折返跑(女)

单位：秒

年龄(岁)	5分	4分	3分	2分	1分
3	<8.2	8.2～9.3	9.4～10.5	10.6～13.4	13.5～16.8
3.5	<7.7	7.7～8.6	8.7～9.7	9.8～12.0	12.1～14.9
4	<7.2	7.2～8.0	8.1～9.0	9.1～10.8	10.9～13.2
4.5	<7.0	7.0～7.6	7.7～8.5	8.6～10.2	10.3～12.4
5	<6.7	6.7～7.2	7.3～8.0	8.1～9.6	9.7～11.2
5.5	<6.4	6.4～6.9	7.0～7.6	7.7～9.0	9.1～10.5
6	<6.1	6.1～6.5	6.6～7.2	7.3～8.5	8.6～10.2

附表 4-3　立定跳远(男)

单位：厘米

年龄(岁)	5分	4分	3分	2分	1分
3	>76	76～59	58～43	42～30	29～21
3.5	>84	84～70	69～53	52～35	34～27
4	>95	95～80	79～66	65～47	46～35
4.5	>102	102～89	88～73	72～55	54～40
5	>110	110～96	95～80	79～65	64～50
5.5	>119	119～103	102～90	89～70	69～56
6	>127	127～111	110～95	94～79	78～61

附表 4-4　　立定跳远(女)

单位：厘米

年龄(岁)	5分	4分	3分	2分	1分
3	＞71	71～55	54～40	39～29	28～21
3.5	＞81	81～65	64～50	49～34	33～25
4	＞89	89～74	73～60	59～44	43～32
4.5	＞96	96～81	80～68	67～50	49～40
5	＞102	102～89	88～75	74～60	59～50
5.5	＞109	109～96	95～82	81～66	65～54
6	＞116	116～101	100～87	86～71	70～60

附表 4-5　　网球掷远(男)

单位：米

年龄(岁)	5分	4分	3分	2分	1分
3	＞5.5	5.5～4.0	3.5～3.0	2.5～2.0	1.5
3.5	＞5.5	5.5～4.5	4.0～3.0	2.5～2.0	1.5
4	＞6.0	6.0～5.0	4.5～4.0	3.5～3.0	2.5～2.0
4.5	＞8.0	8.0～6.5	6.0～4.5	4.0～3.0	2.5
5	＞9.0	9.0～7.5	7.0～5.5	5.0～4.0	3.5～3.0
5.5	＞10.0	10.0～8.0	7.5～6.0	5.5～4.0	3.5～3.0
6	＞12.0	12.0～9.5	9.0～7.0	6.5～4.5	4.0～3.5

附表 4-6　　网球掷远(女)

单位：米

年龄(岁)	5分	4分	3分	2分	1分
3	＞5.0	5.0～3.5	3.0～2.5	2.0～1.5	1
3.5	＞5.0	5.0～4.0	3.5～3.0	2.5～2.0	1.5
4	＞5.0	5.0～4.5	4.0～3.5	3.0～2.5	2
4.5	＞5.5	5.5～4.5	4.0～3.5	3.0～2.5	2
5	＞8.5	8.5～6.0	5.5～4.5	4.0～3.5	3.0～2.5
5.5	＞8.5	8.5～6.5	6.0～5.0	4.5～3.5	3
6	＞8.0	8.0～6.5	6.0～5.0	4.5～3.5	3

附表 4-7　坐位体前屈(男)

单位：厘米

年龄(岁)	5分	4分	3分	2分	1分
3	>14.9	14.9～11.7	11.6～8.6	8.5～4.9	4.8～2.9
3.5	>14.9	14.9～11.6	11.5～8.5	8.4～4.7	4.6～2.7
4	>14.9	14.9～11.5	11.4～8.5	8.4～4.5	4.4～2.4
4.5	>14.4	14.4～11.0	10.9～8.0	7.9～4.2	4.1～1.8
5	>14.4	14.4～11.0	10.9～7.6	7.5～3.5	3.4～1.1
5.5	>14.4	14.4～11.0	10.9～7.6	7.5～3.3	3.2～1.0
6	>14.4	14.4～10.5	10.4～7.1	7.0～3.2	3.1～1.0

附表 4-8　坐位体前屈(女)

单位：厘米

年龄(岁)	5分	4分	3分	2分	1分
3	>15.9	15.9～13.0	12.9～10.0	9.9～6.3	6.2～3.2
3.5	>15.9	15.9～13.0	12.9～10.0	9.9～6.3	6.2～3.5
4	>15.9	15.9～13.0	12.9～10.0	9.9～6.3	6.2～3.5
4.5	>16.0	16.0～13.0	12.9～10.0	9.9～6.0	5.9～3.0
5	>16.6	16.6～13.2	13.1～9.7	9.6～5.5	5.4～3.0
5.5	>16.7	16.7～13.0	12.9～9.7	9.6～5.5	5.4～3.0
6	>16.7	16.7～13.0	12.9～9.6	9.5～5.4	5.3～3.0

附表 4-9　走平衡木(男)

单位：秒

年龄(岁)	5分	4分	3分	2分	1分
3	<6.6	6.6～10.5	10.6～16.8	16.9～30.0	30.1～48.5
3.5	<5.9	5.9～9.3	9.4～15.0	15.1～27.0	27.1～41.1
4	<4.9	4.9～7.3	7.4～11.5	11.6～21.5	21.6～33.2
4.5	<4.3	4.3～6.2	6.3～9.6	9.7～17.8	17.9～28.4
5	<3.7	3.7～5.2	5.3～7.8	7.9～14.0	14.1～22.2
5.5	<3.3	3.3～4.5	4.6～6.7	6.8～12.0	12.1～19.2
6	<2.7	2.7～3.7	3.8～5.3	5.4～9.3	9.4～16.0

附表 4-10　走平衡木(女)

单位：秒

年龄(岁)	5分	4分	3分	2分	1分
3	<6.9	6.9~10.7	10.8~17.3	17.4~32.4	32.5~49.8
3.5	<6.1	6.1~9.6	9.7~15.0	15.1~27.4	27.5~40.4
4	<5.3	5.3~8.1	8.2~12.2	12.3~22.5	22.6~32.2
4.5	<4.7	4.7~6.9	7.0~10.1	10.2~18.6	18.7~26.5
5	<4.1	4.1~5.7	5.8~8.2	8.3~14.0	14.1~23.7
5.5	<3.6	3.6~5.0	5.1~7.4	7.5~12.5	12.6~20.1
6	<3.0	3.0~4.2	4.3~6.1	6.2~10.7	10.8~17.0

附表 4-11　双脚连续跳(男)

单位：秒

年龄(岁)	5分	4分	3分	2分	1分
3	<6.6	6.6~9.1	9.2~13.0	13.1~19.6	19.7~25.0
3.5	<6.1	6.1~8.2	8.3~11.1	11.2~16.9	17.0~21.8
4	<5.6	5.6~7.0	7.1~9.1	9.2~13.1	13.2~17.0
4.5	<5.3	5.3~6.4	6.5~8.1	8.2~11.2	11.3~14.5
5	<5.1	5.1~5.9	6.0~7.2	7.3~9.8	9.9~12.5
5.5	<4.9	4.9~5.6	5.7~6.8	6.9~9.3	9.4~11.9
6	<4.4	4.4~5.1	5.2~6.1	6.2~8.2	8.3~10.4

附表 4-12　双脚连续跳(女)

单位：秒

年龄(岁)	5分	4分	3分	2分	1分
3	<7.1	7.1~9.7	9.8~13.4	13.5~20.0	20.1~25.9
3.5	<6.2	6.2~8.4	8.5~11.2	11.3~17.0	17.1~21.9
4	<5.9	5.9~7.3	7.4~9.5	9.6~13.4	13.5~17.2
4.5	<5.5	5.5~6.7	6.8~8.5	8.6~11.9	12.0~14.9
5	<5.2	5.2~6.1	6.2~7.5	7.6~10.0	10.1~12.7
5.5	<4.9	4.9~5.7	5.8~6.9	7.0~9.2	9.3~11.5
6	<4.6	4.6~5.2	5.3~6.2	6.3~8.3	8.4~10.5

附录五　幼儿园分类验收表

幼儿园分类验收表见附表 5-1 至附表 5-2。

附表 5-1　幼儿园分类验收计分评价意见表(保健、发展)

幼儿园名称						原有级类			申报类别		
一级指标		二级指标		三级指标		类别分值			三级指标得分	二级指标得分	一级指标得分	总分
内容	权重	内容	权重	内容	权重	一类(5分)	二类(4分)	三类(3分)				
A-2 卫生保健	0.4	B-4 管理	0.2	C-11	0.2							
				C-12	0.2							
				C-13	0.1							
				C-14	0.2							
				C-15	0.2							
				C-16	0.1							
		B-5 常规工作	0.35	C-17	0.1							
				C-18	0.05							
				C-19	0.05							
				C-20	0.1							
				C-21	0.1							
				C-22	0.1							
				C-23	0.1							
				C-24	0.1							
				C-25	0.1							
				C-26	0.1							
				C-27	0.1							

续表

| 一级指标 | | 二级指标 | | 三级指标 | | 类别分值 | | | 三级指标得分 | 二级指标得分 | 一级指标得分 | 总分 |
内容	权重	内容	权重	内容	权重	一类(5分)	二类(4分)	三类(3分)				
A-2 卫生 保健	0.4	B-6 食品 卫生	0.25	C-28	0.1							
				C-29	0.2							
				C-30	0.1							
				C-31	0.1							
				C-32	0.2							
				C-33	0.2							
				C-34	0.1							
		B-7 健康 指标	0.2	C-35								
				C-36	0.2							
				C-37	0.2							
				C-38	0.1							
				C-39	0.1							
				C-40	0.2							
A-3 儿童 发展	0.2	B-8 身心 发展	1	C-41	0.5							
				C-42	0.5							

附表 5-2　幼儿园分类验收评价意见表(保健、发展)

卫生保健评价意见	
	评价人签字:
	日　期:

附录六　新设立托幼机构招生前卫生评价表

新设立托幼机构招生前卫生评价表见附表 6-1。

附表 6-1　新设立托幼机构招生前卫生评价表

评价内容	分值	评价标准	评价方法	得分	备注
环境卫生	20分	园（所）内建筑物、户外场地、绿化用地及杂物堆放场地等总体布局合理，有明确功能分区（2分）	查看现场		
		室外活动场地地面应平整、防滑，无障碍，无尖锐突出物（2分）			
		活动器材安全性符合国家相关规定（1分）			
		未种植有毒、带刺的植物（1分）			
		室内环境的甲醛、苯及苯系物等检测结果符合国家要求（4分）	查验检测报告		
		室内空气清新，光线明亮（2分）			
		有防蚊蝇等有害昆虫的设施（2分）			
		每个班级有独立的厕所和盥洗室（2分）	查看现场		
		每班厕所内有污水池，盥洗室内有洗涤池（2分）			
		盥洗室内有流动水洗手装置（必达项目）			
		盥洗室内水龙头数量和间距设置合理（2分）			
个人卫生	15分	保证儿童每日1巾1杯专用，寄宿制儿童每人有专用洗漱用品（必达项目）	查看现场		
		每班有专用水杯架，标识清楚，有饮水设施（4分）			
		每班有专用毛巾架，标识清楚，毛巾间距合理（3分）			
		有专用水杯、毛巾消毒设施（4分）			
		儿童有安全、卫生、独自使用的床位和被褥（4分）			
食堂卫生	10分	食堂获得"餐饮服务许可证"（必达项目）	查验证件		
		园所内应设置区域性的餐饮具集中清洗消毒间，消毒后有保洁存放设施（4分）	查看现场		
		配有食物留样专用冰箱，有专人管理（3分）			
		炊事人员与儿童配备比例：提供每日三餐一点的托幼机构应达1：50，提供每日一餐二点或二餐一点的达到1：80（3分）	查看资料		

续表 1

评价内容	分值	评价标准	评价方法	得分	备注
保健室或卫生室设置	20分	设立保健室或卫生室（必达项目）	查看现场		
		卫生室需有"医疗机构执业许可证"（必达项目）	查验证件		
		保健室面积不少于12平方米（2分）	查看现场		
		保健室设有儿童观察床（2分）			
		配备桌椅、药品柜、资料柜（3分）			
		有流动水或代用流动水的设施（2分）			
		配备儿童杠杆式体重秤、身高计（供2岁以上儿童使用）、量床（供2岁及以下儿童使用）、国际标准视力表或标准对数视力表灯箱、体围测量软尺等设备（4分）			
		配备消毒压舌板、体温计、手电筒等晨检用品（3分）			
		有消毒剂（2分）			
		配备紫外线消毒灯或其他空气消毒装置（2分）			
卫生保健人员配备	15分	配备符合国家规定的卫生保健人员（必达项目）	查看资料		
		卫生保健工作的第一责任人是托幼机构的法定代表人或负责人（5分）			
		按照收托150名儿童设1名专职卫生保健人员的比例配备（收托150名以下儿童的可配备兼职卫生保健人员）（5分）			
		卫生保健人员上岗前接受培训并考核合格（5分）			
工作人员健康检查	10分	托幼机构工作人员上岗前经县级以上卫生行政部门指定的医疗卫生机构进行健康检查，并取得"托幼机构工作人员健康合格证"。炊事人员取得"食品从业人员健康证"（10分）	查验证件		
卫生保健制度	10分	建立10项卫生保健制度，并符合实际情况，具有可操作性：①一日生活制度（1分）②膳食管理制度（1分）③体格锻炼制度（1分）④卫生与消毒制度（1分）⑤入园所及定期健康检查制度（1分）⑥传染病预防与控制制度（1分）	查看资料		

续表2

评价内容	分值	评价标准	评价方法	得分	备注
卫生保健制度	10分	⑦常见疾病预防与管理制度（1分） ⑧伤害预防制度（1分） ⑨健康教育制度（1分） ⑩卫生保健信息收集制度（1分）	查看资料		

使用说明：

1. 托幼机构总分达到 80 分以上，并且"必达项目"全部通过，才可评价为"合格"。

2. 若托幼机构不提供儿童膳食，则不予评价食堂卫生、工作人员健康检查和卫生保健制度的相应部分。托幼机构分数达到剩余项目总分的 80% 以上，并且"必达项目"全部通过，才可评价为"合格"。

3. 如果评价结果为"不合格"，托幼机构应当根据评价报告给予的意见和指导整改，整改后可重新申请卫生评价。

参考文献

［1］范惠静．幼儿园健康教育活动指导［M］．北京：人民教育出版社，2013.

［2］庞建萍，柳倩．学前儿童健康教育与活动指导（第 2 版）［M］．上海：华东师范大学出版社，2014.

［3］朱家雄，汪乃铭，戈柔．学前儿童卫生学（第 3 版）［M］．上海：华东师范大学出版社，2015.

［4］郦燕君．学前儿童卫生保健（第二版）［M］．北京：高等教育出版社，2014.

［5］高秀欣，王小萍．幼儿卫生学［M］．北京：人民邮电出版社，2015.

［6］中国营养学会．中国居民膳食营养素参考摄入量［M］．北京：中国轻工业出版社，2006.

［7］唐林兰，于桂萍．学前儿童卫生与保健［M］．北京：教育科学出版社，2012.

［8］万钫．学前卫生学（第 3 版）［M］．北京：北京师范大学出版社，2012.

［9］张兰香，潘秀萍．学前儿童卫生与保健［M］．北京：北京师范大学出版社，2011.

［10］中国营养学会．中国学龄儿童膳食指南 2016［M］．北京：人民卫生出版社，2016.

［11］梁万年．法定传染病识别与处理——临床医生读本［M］．北京：中国协和医科大学出版社，2005.

后　记

　　本书经过一年多的思考和梳理，中间几经全体编委会成员激烈讨论与不断研究，终将付梓，我深感欣慰。正是上级领导对园所卫生保健工作的重视，以及资深专家的指导和编者们的不断努力，才促成了此书的出版。衷心地感谢和我一起并肩作战的教师们！

　　《幼儿园教育指导纲要（试行）》中明确提出：幼儿园必须把保护幼儿的生命和促进幼儿的健康放在工作的首位。树立正确的健康观念，在重视幼儿身体健康的同时，要高度重视幼儿的心理健康。幼儿园的卫生保健工作事关全体幼儿的生命安全，也是决定幼儿园前途命运的大事，关爱幼儿的健康成长，我们要从卫生保健工作做起。这也是我们编写此书的初衷，让幼儿园更重视卫生保健工作，更重视幼儿的健康成长。我们愿尽绵薄之力帮助广大幼教工作者提升对卫生保健工作的了解程度和重视程度。

　　在本书完成之际，特别感谢为本书提出宝贵意见的专家以及为本书提供案例的幼儿园教师，正因为有他们的专业指导和实践经验，才使得本书贴近幼儿园教育的实践，才使得广大读者能更深入地了解卫生保健工作。

　　物不可圆满，缺憾在所难免，望广大读者批评指正。

曹慧弟
2017 年 4 月